U0597580

The Great Trends Of Money

金钱大趋势

德国财富世界之旅

Rich World Tour Of Germany

谢 普/编著

中国出版集团 现代出版社

图书在版编目(CIP)数据

金钱大趋势 / 谢普编著. —北京：现代出版社，2016.7（2021.8重印）

ISBN 978-7-5143-5199-6

Ⅰ.①金…　Ⅱ.①谢…　Ⅲ.①经济概况－德国

Ⅳ.①F151.6

中国版本图书馆CIP数据核字(2016)第160688号

编　著	谢　普
责任编辑	王敬一
出版发行	现代出版社
通讯地址	北京市安定门外安华里504号
邮政编码	100011
电　话	010-64267325 64245264（传真）
网　址	www.1980xd.com
电子邮箱	xiandai@cnpitc.com.cn
印　刷	北京兴星伟业印刷有限公司
开　本	700mm×1000mm 1/16
印　张	9.5
版　次	2016年8月第1版　2021年8月第3次印刷
书　号	ISBN 978-7-5143-5199-6
定　价	29.80元

前言
QIANYAN

多年以来,我们就一直想策划关于G20的图书,经过艰苦努力,如今这个想法终于变成了现实。毋庸置疑,G20已经成为世界上最具影响力的经济论坛之一,而成员国则被视为世界经济界"脑力激荡"、"激发新思维"与财富的代名词。

我常常会在心里问自己:到底什么是财富?什么是经济?有的人可能会说,钱啊!这种说法从某种意义上来说有一定的道理。在这里我要说,只要是具有价值的东西都可以称之为财富,包括自然财富、物质财富、精神财富,等等。从经济学上来看,财富是指物品按价值计算的富裕程度,或对这些物品的控制和处理的状况。财富的概念为所有具有货币价值、交换价值或经济效用的财产或资源,包括货币、不动产、所有权。在许多国家,财富还包括对基础服务的享受,如医疗卫生以及对农作物和家畜的拥有权。财富相当于衡量一个人或团体的物质资产。

需要说明的是,世上没有绝对的公平,只有相对的强弱。有的人一出生就有豪车豪宅,而且是庞大家业的继承人;有的人一出生就只能是穷乡僻壤受寒冷受饥饿的孩子。自己的人生只有改变"权力、地位、财富"中的一项,才可以获得优势的生存机会。那么,财富又被

赋予了新的内涵:要创造财富,增加财富,维持财富,保护财富,享受财富;要提高自己的生活质量。

二十国集团是一个国际经济合作论坛,它的宗旨是为推动发达国家和新兴市场国家之间就实质性问题进行讨论和研究,以寻求合作并促进国际金融稳定和经济持续发展。二十国集团由美国、英国、日本、法国、德国、加拿大、意大利、俄罗斯、澳大利亚、中国、巴西、阿根廷、墨西哥、韩国、印度尼西亚、印度、沙特阿拉伯、南非、土耳其共19个国家以及欧盟组成。这些国家的国民生产总值约占全世界的85%,人口则将近世界总人口的2/3。本选题立足二十国集团,希望读者通过阅读能够全面了解这20个经济体,同时,能够对财富有一个全面而清醒的认识。

即使在基本写作思路确定后,对本书的编写还是有些许的担忧,但是工作必须做下去,既然已经开始,我们绝不会半途而废。在编写过程中,书稿大致从以下几个方面入手:

1. 立足G20成员国的经济、财富,阐述该国的经济概况、经济地理、经济历史、财富现状、财富人物以及财富未来的发展战略等。

2. 本书稿为面对青少年的普及型读物,所以在编写过程中尽量注重知识性、趣味性,力求做到浅显易懂。

3. 本书插入了一些必要的图片,对本书的内容进行了恰到好处的补充,以更好地促进读者的阅读。

尽管我们付出了诸多的辛苦,然而由于时间紧迫和能力所限,书稿错讹之处在所难免,敬请各方面的专家学者和广大读者批评指正,我们将不胜感激!

编 者

2012年11月

目录

CONTENTS

开 篇　二十国集团是怎么回事

　　二十国集团，由八国集团(美国、日本、德国、法国、英国、意大利、加拿大、俄罗斯)和11个重要新兴工业国家(中国、阿根廷、澳大利亚、巴西、印度、印度尼西亚、墨西哥、沙特阿拉伯、南非、韩国和土耳其)以及欧盟组成。

二十国集团简介

二十国集团,由八国集团(美国、日本、德国、法国、英国、意大利、加拿大、俄罗斯)和11个重要新兴工业国家(中国、阿根廷、澳大利亚、巴西、印度、印度尼西亚、墨西哥、沙特阿拉伯、南非、韩国和土耳其)以及欧盟组成。按照惯例,国际货币基金组织与世界银行列席该组织的会议。二十国集团的GDP总量约占世界的85%,人口约为40亿。中国经济网专门开设了"G20财经要闻精粹"专栏,每日报道G20各国财经要闻。

【走近二十国集团】

二十国集团,又称G20,它是一个国际经济合作论坛,于1999年12月16日在德国柏林成立,属于布雷顿森林体系框架内非正式对话的一种机制,由原八国集团以及其余12个重要经济体组成。

二十国集团的历史

二十国集团的建立，最初是由美国等8个工业化国家的财政部长于1999年6月在德国科隆提出的，目的是防止类似亚洲金融风暴的重演，让有关国家就国际经济、货币政策举行非正式对话，以利于国际金融和货币体系的稳定。二十国集团会议当时只是由各国财长或各国中央银行行长参加，自2008年由美国引发的全球金融危机使得金融体系成为全球的焦点，开始举行二十国集团首脑会议，扩大各个国家的发言权，它取代了之前的二十国集团财长会议。

二十国集团的成员

二十国集团的成员包括：八国集团成员国美国、日本、德国、法国、英国、意大利、加拿大、俄罗斯，作为一个实体的欧盟和澳大利亚、中国以及具有广泛代表性的发展中国家南非、阿根廷、巴西、印度、印度尼西亚、墨西哥、沙特阿拉伯、韩国和土耳其。这些国家的国民生产总值约占全世界的85%，人口则将近世界总人口的2/3。二十国集团成员涵盖面广，代表性强，该集团的GDP占全球经济的90%，贸易额占全球的80%，因此，它已取代G8成为全球经济合作的主要论坛。

【走近二十国集团】
二十国集团是布雷顿森林体系框架内非正式对话的一种机制，旨在推动国际金融体制改革，为有关实质问题的讨论和协商奠定广泛基础，以寻求合作并促进世界经济的稳定和持续增长。

二十国集团的主要活动

二十国集团自成立至今,其主要活动为"财政部长及中央银行行长会议",每年举行一次。二十国集团没有常设的秘书处和工作人员。因此,由当年主席国设立临时秘书处来协调集团工作和组织会议。

会议主要讨论正式建立二十国集团会议机制以及如何避免经济危机的爆发等问题。与会代表不仅将就各国如何制止经济危机进行讨论,也将就国际社会如何在防止经济危机方面发挥作用等问题交换意见。

1999 年 12 月 15 日至 16 日,第一次会议暨成立大会,德国柏林;

2000 年 10 月 24 日至 25 日,第二次会议,加拿大蒙特利尔;

2001 年 11 月 16 日至 18 日,第三次会议,加拿大渥太华;

2002 年 11 月 22 日至 23 日,第四次会议,印度新德里;

2003 年 10 月 26 日至 27 日，第五次会议，墨西哥莫雷利亚市；

2004 年 11 月 20 日至 21 日，第六次会议，德国柏林；

2005 年 10 月 15 日至 16 日，第七次会议，中国北京；

2006 年 11 月 18 日至 19 日，第八次会议，澳大利亚墨尔本；

2007 年 11 月 17 日至 18 日，第九次会议，南非开普敦；

2008 年 11 月 8 日至 9 日，第十次会议，美国华盛顿；

2009 年 4 月 1 日至 2 日，第十一次会议，英国伦敦；

2009 年 9 月 24 日至 25 日，第十二次会议，美国匹兹堡；

2010 年 6 月 27 日至 28 日，第十三次会议，加拿大多伦多；

2010 年 11 月 11 日至 12 日，第十四次会议，韩国首尔；

2011 年 2 月 18 日至 19 日，第十五次会议，法国巴黎；

2011 年 11 月 3 日至 4 日，第十六次会议，法国戛纳；

2012 年 6 月 17 日至 19 日，第十七次会议，墨西哥洛斯卡沃斯。

二十国集团的相关报道

1.加拿大：防止债务危机恶化

作为峰会主席国，加拿大主张：各成员国应就未来 5 年将各自预算赤字至少减少 50% 达成一项协议，以防止主权债务危机进一步恶化；会议应发出明确信号，收紧刺激性支出，即当各国刺激计划到期后，将致力于重整财政，防止通货膨胀。

加拿大还认为，应建立有效的金融调节国际机制，进一步提高银行资本充足率，以防止出现新的金融机构倒闭。不应由纳税人承担拯救金融机构的责任；加强世界银行、国际货币基金组织和多边开发银行的作用，支持国际货币基金组织配额改革，反对开征银行税，认为设立紧急资金是更好的选择。

> **【走近二十国集团】**
>
> 以"复苏和新开端"为主题的二十国集团领导人第4次峰会于2010年6月26日至27日在加拿大多伦多召开。此次峰会正值世界经济出现好转趋势，但欧元区主权债务危机爆发又给全球经济走势增添诸多变数之际。在此背景下，与会的主要发达国家及发展中国家对这次峰会的立场受到国际舆论的高度关注。

此外，加拿大还表示，各成员国应承诺反对贸易保护主义，促进国际贸易和投资进一步自由化，确保经济复苏；增加对非洲的发展援助。

2.美国：巩固经济复苏势头

美国是世界头号经济强国，也是本轮金融危机的发源地。根据美国官

方透露的信息,美国政府对此次峰会的主要立场包括:巩固经济复苏势头;整顿财政政策;加强金融监管,确立全球通用的金融监管框架。美国希望与各国探讨国际金融机构的治理改革等问题。

美国财政部官员说,中国日前宣布进一步增强人民币汇率弹性,其时机对二十国集团峰会"极有建设性"。欧洲宣布将公布对银行业进行压力测试的结果,这将有助于恢复市场信心。

【走近二十国集团】

二十国集团的宗旨是为推动已工业化的发达国家和新兴市场国家之间就实质性问题进行开放及有建设性的讨论和研究,以寻求合作并促进国际金融稳定和经济的持续增长。

美方对这两项宣布感到鼓舞。

3.巴西:鼓励经济增长政策

根据从巴西外交部得到的消息,巴西将在二十国集团峰会上提出要求各国继续鼓励经济增长政策、加快金融市场调节机制建设的主张。

巴西认为,当年4月结束的世界银行改革"令人满意",但在今后几年中还应在各国投票权上实现进一步平等。此外,峰会应从政治层面强调国际货币基金组织改革。

巴西政府主张二十国集团应发挥更大作用,因为当今世界,二十国集团已显示出了高效讨论各种重要议题的论坛作用。同时,二十国集团也需从主要讨论金融危机拓展到其他问题,如发展、能源和石油政策等。

4.俄罗斯:主张二十国集团机制化

俄罗斯曾经在峰会上就二十国集团机制化、推动国际审计体系改革、建立国际环保基金等具体问题提出一系列倡议。

梅德韦杰夫曾经在会见巴西总统卢拉后说,现在需要努力将二十国集团打造成一个常设机构,以便对国际经济关系产生实际影响。

梅德韦杰夫还在接见美国知名风险投资公司负责人时表示，原有的国际审计体系已经被破坏，俄罗斯目前正在制定改革这一体系的相关建议。他说，二十国集团峰会应对关于审计改革的议题进行讨论。

在防范金融风险方面，俄罗斯可能提出两套方案：一是开征银行税并建立专门的援助基金；另一方案是在发生危机时，国家向银行提供资金支持，但危机过去后，银行不仅要返回资金，还要支付罚款。

5.日本：期望发挥积极作用

日本外务省经济局局长铃木庸一则在记者会上表示，在发生国际金融和经济危机、新兴国家崛起等国际秩序发生变化的形势下，二十国集团是发达国家和新兴国家商讨合作解决全球问题的场所，日本可以继续为解决全球问题发挥积极作用。

【走近二十国集团】

铃木庸一说，从支撑世界经济回升、遏制贸易保护主义的观点出发，二十国集团首脑应表明努力实现多哈谈判早日达成协议的决心。

日本期望峰会能深入讨论如何应对全球性问题并达成一些协议，发达国家和新兴国家能够更多地开展合作，共同致力于解决经济、金融等方面的全球性课题。

6.南非：希望从国际贸易中受益

对于二十国集团峰会，南非政府希望在峰会上重申，南非将与其他国家加强贸易进出口联系，以使其在国际贸易交往中受益。对此，南非方面呼吁重建世界贸易经济交往秩序和规则，予以发展中国家新兴经济体以更多的优惠与权利，与其他发展中国家携手重建世界贸易新秩序。

南非经济学家马丁·戴维斯认为，二十国集团峰会本是西方世界的产物，如今以中国、南非、巴西、印度等新兴经济体为代表的发

展中国家需要联合起来，打破国际经济旧秩序，建立更加平衡、公平、长效、利于世界经济全面复兴的新国际经贸秩序。

【走近二十国集团】

在推进国际金融监管改革方面，欧盟将力主就征收银行税达成协议。除此之外，欧盟还提出要在峰会上探讨征收全球金融交易税的可能性。

7. 欧盟：实施退出策略需加强协调

对于欧盟来说，在实施退出策略上加强国际协调和继续推进国际金融监管改革，将是其在峰会上的两大核心主张。

欧盟曾经掀起了一股财政紧缩浪潮，但在如何巩固财政和维护经济复苏之间求得平衡的问题上与美国产生分歧。在退出问题上美欧如何协调将是多伦多峰会的一大看点。

8. 印度：征银行税不适合印度

印度政府官员表示，在峰会上，新兴经济国家与发达国家在如何促进世界经济复苏的问题上将产生不同意见。

各国应对金融危机的情况不同，经济增长形势不同，西方国家必

须认识到这一点。

印度官员指出，欧盟目前被一些成员国的财政赤字和债务危机所困，法德两国都希望收缩开支。但德国如果采取财政紧缩政策，它可能会陷入双重经济衰退，而且整个欧盟的经济也将随之收缩，这不利于世界经济复苏。

印度官员同时表示，美国政府最近提出要征收银行税和加强对银行的政策限制，西方很可能要求印度等国也采取类似措施，但这并不适合印度，因为印度的金融体系相当健康。

9.中国：谨慎决策防范风险

中国外交部副部长崔天凯曾经在媒体吹风会上说，多伦多峰会是二十国集团峰会机制化后的首次峰会，具有承前启后的重要意义。中方希望有关各方维护二十国集团信誉与效力，巩固该集团国际经济合作主要论坛的地位。

中方在此次峰会上强调，为推动全球经济稳定复苏，各国应保持宏观经济政策的连续性和稳定性；根据各自国情谨慎确定退出战略的时机和方式；在致力于经济增长的同时防范和应对通胀和财政风险；反对贸易和投资保护主义，促进国际贸易和投资健康发展。

中方还指出，为实现全球经济强劲、可持续增长，发达国家应采取有效措施解决自身存在的问题，以减少国际金融市场波动；发展中国家应通过改革和结构调整，以促进经济增长。

集团宗旨

二十国集团属于非正式论坛，旨在促进工业化国家和新兴市场国家

【走近二十国集团】

二十国集团还为处于不同发展阶段的主要国家提供了一个共商当前国际经济问题的平台。同时，二十国集团还致力于建立全球公认的标准，例如在透明的财政政策、反洗钱和反恐怖融资等领域率先建立统一标准。

就国际经济、货币政策和金融体系的重要问题开展富有建设性和开放性的对话，并通过对话，为有关实质问题的讨论和协商奠定广泛基础，以寻求合作并推动国际金融体制的改革，加强国际金融体系架构，促进经济的稳定和持续增长。

2011巴黎G20财长会议

全球瞩目的二十国集团财政部长和央行行长会议于当地时间2011年10月15日在法国巴黎闭幕，此次会议是在全球经济尤其是欧债危机深度演化的背景下召开的，吸引了各方关注。

会上，各成员国财政领袖支持欧洲方面所列出的对抗债务危机的新计划，并呼吁欧洲领导人在23日举行的欧盟峰会上对危机采取坚决行动。

此外，与会各方还通过了一项旨在减少系统性金融机构风险的大银行风险控制全面框架。

在本次财长会上，全球主要经济体对欧洲施压，要求该地区领导人在当月23日的欧盟峰会上"拿出一项全面计划，果断应对当前的挑战"。

呼吁欧元区"尽可能扩大欧洲金融稳定基金(EFSF)的影响，以便解决危机蔓延的问题"。

有海外媒体报道称，欧洲官员正在考虑的危机应对方案包括：将希腊债券减值多达50%，对银行业提供支持并继续让欧洲央行购买债券等。

决策者还保留了国际货币基金组织(IMF)提供更多援助，配合欧洲行动的可能性，但是对于是否需要向IMF提供更多资金则意见不一。

当天的会议还通过了一项旨在减少系统性金融机构风险的新规,包括加强监管、建立跨境合作机制、明确破产救助规程以及大银行需额外增加资本金等。

根据这项新规,具有系统性影响的银行将被要求额外增加1%至2.5%的资本金。

二十国集团成员同意采取协调一致措施,以应对短期经济复苏脆弱问题,并巩固经济强劲、可持续、平衡增长基础。所有成员都应进一步推进结构改革,提高潜在增长率并扩大就业。

金融峰会

二十国集团金融峰会于2008年11月15日召开,作为参与国家最多、在全球经济金融中作用最大的高峰对话之一,G20峰会对应对全球金融危机、重建国际金融新秩序作用重大,也因此成为世界的焦点。

金融峰会将达成怎么样的结果?对今后一段时间的全球经济有何推动?对各大经济体遭受的金融风险有怎样的监管和控制?种种问题,都有待回答。

第一,拯救美国经济,防止美国滥发美元

目前美国实体经济已经开始衰退,为了刺激总需求,美联储已经将基准利率降到了1%,并且不断注资拯救陷入困境的金融机构和大型企业,这些政策都将增加美元发行,从而使美元不断贬值。

美元是世界货币,世界上许多国家都持有巨额的美元资产,美国

【走近二十国集团】

如何拯救美国经济,防止美国滥发美元;要不要改革IMF,确定国际最后贷款人;必须统一监管标准,规范国际金融机构活动。这里对峰会做出的三大猜想,一定也有助于读者更好地观察二十国集团金融峰会的进一步发展。

滥发货币的行为将会给持有美元资产的国家造成严重损失。因此，金融峰会最迫在眉睫的任务应是防止美国滥发货币，而为了达到这个目的，各国要齐心协力拯救美国经济，这集中体现在购买美国国债上。

截至2008年9月30日，美国联邦政府财政赤字已达到4548亿美元，达到了历史最高点，因此，美国财政若要发力，需要世界各国购买美国国债，为美国政府支出融资。因此，G20的其他成员要步调一致，严禁大量抛售美国国债，只有这样，才能稳住美国经济，自己手中的美元资产才能保值增值。

第二，改革IMF，确定国际最后贷款人

查尔斯·金德尔伯格在其脍炙人口的《疯狂、惊恐和崩溃：金融危机史》里指出，最后贷款人对解决和预防金融危机扩散至关重要。如果危机发生在一国之内，该国的中央银行可以充当这一角色，但是如果其演变为区域性或全球性金融危机，就需要国际最后贷款人来承担这一角色了。

1944年成立的国际货币基金组织（IMF）就是为了稳定国际金融秩序而建立的一个国际最后贷款人。但是，IMF本身实力有限，只能帮助应对规模较小的金融危机，而且一直受美国利益的支配，在援助受灾国的时候，往往附加苛刻的政治条件，限制了受灾国自主调控经济的自主性，往往在解决金融危机的同时导致严重的经济衰退。

【走近二十国集团】

在国际范围内，既不存在世界政府，也没有任何世界性的银行可以发挥这种功能，但是如果G20能够达成一种世界性的协议，共同应对更大规模的危机（例如由美国次贷风暴所引发的金融危机），将成为一种次优选择。

在这次峰会中，G20其他成员，尤其是新兴经济体将更多地参与到IMF改革中来，包括要求更多的份额、在决策中拥有更多的发言权等。但是IMF的问题还不止于此。IMF成立之初主要为了应对贸易赤字所带来的国际收支失衡，但是今天的问题是资本流动成了影响一国国际收支的主要因素，在巨量的资本流动面前，IMF 发挥的"救火"功能十分有限。在这种情况下，应确定规模更大的、协调功能更好的、能应对巨额资本流动冲击的国际最后贷款人。

第三，统一监管标准，规范国际金融机构活动

这次危机的根源之一是美国金融监管过度放松。作为金融全球化的主要推动者，美国对其金融机构和金融市场创新的监管越来越宽松，在这种宽松的环境下，其投资银行、商业银行和对冲基金等金融机构高杠杆运营，在全球其他国家攻城略地，屡屡得手。例如，1992 年的英镑和里拉危机，1997 年的亚洲金融危机，在很大程度上都是对冲基金兴风作浪的结果。由于这些机构在全球运行，可以通过内部交易或者跨国资本交易来逃避世界各国的金融监管，因此，统一监管标准，规范国际金融活动，就成了除美国之外，G20 其他成员的共同心声。美国也想加强金融监管，但是它更清楚要掌握监管

规则制定的主动权。如果放弃主动权,美国在国际金融体系中的霸权地位将会被极大撼动,这是美国金融资本所不愿看到的,而这也恰恰是G20其他成员的金融资本所诉求的。欧盟成员国在这个问题上早早表明了立场,预计在金融峰会上,美国或者置之不理,或者与G20中的欧盟成员国展开一番唇枪舌剑。经济和政治犹如一对孪生兄弟,如影随形。这次金融峰会不光要应对全球经济危机,更关系到美国相对衰落之后的全球利益调整。这个讨价还价的过程不是一次金融峰会就可以解决的,未来更多的峰会将接踵而来。目前,中国是世界上仅次于美国的第二大经济体,拥有全球最多的外汇储备,其他各国都盯住了中国的"钱袋子",更加关注中国的动向。中国应抓住这次世界经济和政治格局调整的机会,主动发挥大国的作用,参与国际规则的制定,为中国的崛起、为全球金融和经济的长治久安做出自己的贡献。

【走近二十国集团】

二十国集团成员涵盖面广、代表性强,该集团的GDP占全球经济的90%,贸易额占全球的80%,因此已取代G8成为全球经济合作的主要论坛。

第一章　金融史上的银行家们

　　"拿破仑当政以后，曾经试图将威廉王子拉到自己一边，威廉王子首鼠两端，不愿在形势明朗之前选边站队，最后拿破仑不厌其烦，宣布'要把赫思·凯瑟(威廉王子家族)从欧洲的统治者名单中清除出去'，随即法军大兵压境，威廉王子仓皇流亡到丹麦，出逃之前，将一笔价值300万美元的现金交给梅耶保管。就是这300万美元为梅耶带来了前所未有的权力和财富，成为梅耶通注他的金融帝国的第一桶金。"

我们说变富从存钱开始，是因为只有存钱才能积攒一定数量的金钱，这是赢得个人理财自由的基础。如果我们身无分文，自然就不存在理财自由的问题。

对许多家庭而言，每个月拿出一定数量的工资存入银行，一点也不困难，困难的是如何养成这样一个习惯。

一定数额的存款可以增加成功机会。有的人总是抱怨机会对他不公平，而当机会真正来临的时候，他却一点钱也拿不出来，眼睁睁地看着机会消失。

存钱能够提高一个人应付危机的能力，也能在机会突然到来时增加成功的机会。存钱还能赢得别人的信赖。大银行家摩根曾经说过："我宁愿贷款100万元给一个品质良好，且已经养成存钱习惯的人，也不愿贷款1000元给一个品德差而花钱大手大脚的人。"

第一节 罗思柴尔德银行家族的第一桶金

"拿破仑当政以后，曾经试图将威廉王子拉到自己一边，威廉王子首鼠两端，不愿在形势明朗之前选边站队，最后拿破仑不厌其烦，宣布'要把赫思·凯瑟（威廉王子家族）从欧洲的统治者名单中清除出去'，随即法军大兵压境，威廉王子仓皇流亡到丹麦，出逃之前，将一笔价值300万美元的现金交给梅耶保管。就是这300万美元为梅耶带来了前所未有的权力和财富，成为梅耶通往他的金融帝国的第一桶金。"

曾经有对历史感兴趣的读者问过笔者："这段历史是否属实呢？"之所以有这种疑问，在于德意志第一帝国的皇室里面找不到这个"威廉王子"。笔者感觉这属于艺术真实，有别于历史真实。由于涉及德国犹太银行家族的代表人物——罗思柴尔德家族的起源，故此有必要回顾一下历史真实。

> 【走近德国】
>
> 德国本是一个统一的国家，第二次世界大战后，被苏联、美、英、法分区占领。1949年9月，美、英、法合并占领区，成立德意志联邦共和国（西德），同年10月，苏占区成立德意志民主共和国（东德），形成了两个德国并存的局面。

（一）"威廉王子"是谁？

这是一个很有趣的问题，因为《货币战争》中提到的"赫思·凯瑟（威廉王子家族）"，普遍被理解为"德国的王子"，可普鲁士王国或德意志第一帝国的皇族却没有这样一个历史人物。后来，经过仔细琢磨，

感觉"赫思"会不会是德语"黑森（Hessen）"呢？原因有四：

1. 宋鸿兵先生在书中提到过这个"威廉王子""租借军队"，故可能是历史上著名的"黑森雇佣军"。

2. 法兰克福就属于"黑森州"。

3. 罗思柴尔德家族在18世纪末，为黑森伯爵的家族提供过金融服务。

4. 黑森伯爵的领地，在过去被称作"黑森·卡塞尔地区"，发音很类似于宋鸿兵先生所提到的"赫思·凯瑟（威廉王子家族）"。

在世界财富之争的记录中，不能把艺术真实等同于历史真实，必须明确一个问题：在德意志第一帝国的皇室中，"威廉王子"这个历史人物并不存在。这个艺术人物的原型应该是"黑森伯爵·威廉九世"。"神圣罗马帝国"有一种"候选侯"体制，原来是和皇族推选有关，但此时是一种荣誉头衔，无实际意义（可以看作"候选侯"的"封地"，

是一个"诸侯国",但这实际意义不大,因为这些领地本来就是合法的和世袭的),1803年他被授予了"候选侯"(选帝侯是德国历史上的一种诸侯国势力过于强大导致的特殊现象,也就是指一些拥有"选举"德意志国王和神圣罗马帝国皇帝权力的

诸侯,这种"选举权"有政治价值,但"因人因时而异",随着"神圣罗马帝国"的名存实亡,逐渐变成了一个荣誉头衔)。如果把"伯爵领地"看成一个"诸侯国",那么他父亲去世之前,他在诸侯国内部,也许可以被看作"一个诸侯国的小主人"。但可以肯定,他绝对不能被看作是"德意志第一帝国的王子"(不是一回事),而是黑森伯爵的儿子,可以勉强理解为"黑森选帝侯领地的王子",他是黑森伯爵〔1803年以后,他也称"黑森候选侯·威廉一世",1803—1806年,黑森领地才有候选侯领地的地位(由于1806年"神圣罗马帝国"灭亡,这种投票权,也只是荣誉性质了),此前仅仅算作伯爵

领地,虽然自行其是,也反映了"神圣罗马帝国"权威的衰落,德意志邦国有这种传统,但"德皇"有实权的时候并不多]。

(二)犹太银行家罗思柴尔德家族的"第一桶金"是否来自"威廉王子"的"300万美元资产"?

其实这个问题意义不大。因为《货币战争》里面拿破仑打"威廉王子",应该是指1806年拿破仑废除"候选侯"体制(也就是1805年12月2日"三皇会战"以后的事),原书没有说,但至少可以肯定是1800年以后的事。

1. 有关"红盾家族"资产的神秘来源,绝不是依靠"黑森邦国",也不是历史记录的、短暂的几十年的"业务收入",应该有长得多的历史,甚至可以追溯到公元前的"一些旧事",但这些无法考证,故这里不作结论。

2. 1800年法兰西银行建立时,原始股份高达0.3亿法郎(很快就增加到0.9亿法郎,法兰西银行的"业务量"则是以10亿为单位),罗思柴尔德家族是大股东,并且同时主导着法国和"德国"

（此时还是"神圣罗马帝国"，即德意志第一帝国）的金融事务，单就"法兰西银行大股东"的金融影响力，就已经是欧洲级别的跨国垄断金融资本了，这不是一个德意志小邦国可以与之相提并论的，1806年的区区"300万美元的资产"，对于那时控制了法兰西银行的罗思柴尔德家族来说，只能说是一笔很小的业务。

> **【走近德国】**
>
> 德国北部的北德平原平均海拔200米以下，大部分已开垦为耕地，是全国重要的农业生产区。中部是中德山地，一般高度不大，对德国经济发展没有什么影响。南部国界处是雄伟陡峭的阿尔卑斯山，楚格峰是其在德国境内的最高峰，海拔2963米，是德国游览胜地之一。

3．罗思柴尔德家族和黑森伯爵家族的关系，是前者扶植了后者，而不是相反。扶植黑森家族的目的，主要是为了延续银行武装，重点用于影响"北美事务"，黑森伯爵不过是古代欧洲跨国垄断银行家族的一个工具和傀儡。

4．罗思柴尔德家族在1800年实际上拥有法兰西银行之前，就已经主导了整个德意志第一帝国，即"神圣罗马帝国"的金融事务，而黑森伯爵的领地不过是数以百计的德意志小邦国中的一个。

三皇会战

"第三次反法联盟"中"神圣罗马帝国"的弗朗茨二世、沙皇俄国的亚历山大一世、法兰西第一帝国的皇帝拿破仑都亲临战场，故史称"三皇会战"。因为会战是在1805年12月2日发生在今捷克地区的奥斯特里茨村，故这个战役被称作"奥斯特里茨战役"。这次战争实际上导致了德意志第一帝国在1806年的实际终结。在历史上，黑森伯爵家族受到了这场战争的影响（黑森伯爵领地被并入了"莱茵联邦"，实际上归了拿破仑），但拿破仑从来就没有特意发动过针对黑森伯爵——"威廉王子"的战争（因为拿破仑不会对"神圣罗马帝国"一个伯爵单独宣战，也没有发生过），"三皇会战"时拿破仑也是被动迎战，不是主动出击。《货币战争》中的艺术性描写值得赞赏，历史真实和艺术真实的赏析出发点不同，这不是一个对错的问题。

（三）黑森伯爵·威廉九世、"黑森雇佣军"与古代欧洲的金融资本

1．黑森伯爵·威廉九世

他出生于德意志第一帝国，"神圣罗马帝国"的一个伯爵世家，"卡赛尔"即"Kassel"，现黑森州的一个城市，曾被当作黑森首府，故有"黑森·卡赛尔地区"的地名。他之所以被罗思柴尔德家族看中，在于他的外祖父是英王乔治二世。

武装银行圣殿骑士团1314年正式灭亡之前，这笔几乎凝结了当时欧洲所有财富的跨国金融资本出现了分裂。一支就是以更加隐秘的方式转移到普鲁士地区的武装银行条顿骑士团，在德国古典共济会的主导力量受到打击时，一个更加诡异的组织——现代光明会——逐渐主导了德国地区的共济会运动。而跑到英国的金融资本则更加专注于银行业务本身，最终建立了英格兰银行（1694年7月27日由英王威廉三世授权成立这个股份制"独立央行"，1714，年"乔治一世"也就是"黑森伯爵·威廉九世"的太老姥就从德国跑到英国当国王去了，深刻地影响了英国的政治走向）。

这时，犹太金融资本与英国金融资本逐渐出现了一些分化，这也反映在古典共济会与现代共济会的矛盾上。罗思柴尔德家族的主要根据地是德国当时的金融"圣地"——法兰克

GEORGE I
1714-1727

1ST

福，他们一直试图压制和控制英格兰银行股东为首的银行家集团，但一直没能完全做到。这就是后来美联储和英格兰银行"联合中有斗争，斗争中有联合"的深层次原因。

德国金融资本有一个特点和传统，就是金融与军事相结合。所以，罗思柴尔德家族一直试图通过黑森伯爵·威廉九世与英王乔治一世开创的"汉诺威王朝"（因为乔治一世是德国汉诺威人，他和儿子一直都不会说英语，这个诡异的历史事件，幕后操纵者就是欧洲跨国垄断金融资本）的血缘关系，来影响英国的政局，其主要手段就是为英国提供军队。

英国政府没有支付这笔"雇佣军"的费用，"免费"使用这些训练有素的雇佣军，付出了昂贵的政治代价——"北美领地"的失去！这些雇佣军的费用主要由罗思柴尔德家族"垫付"，实际上转换成了影响英格兰银行的"国债"，等于增加了一个新的"国际债权人"，间接影响了英镑的发行。更主要的是：罗思柴尔德家族不仅逐渐主导欧洲的"法郎体制"，而且通过银行代理人摩根财团在美国建立了"美元体制"。美联储史的创始人之一，美国诗人、著名学者"艾兹拉·庞德"一直认为，罗思柴尔德家族同时主导着美国和欧洲的货币和金融，这不是单纯的观点，而是一个历史事实，有长期的发展过程。

黑森伯爵·威廉九世这个人物，起到了一个组织雇佣军的作用。仅在"美国独立战争"期间，就曾经为英国提供过3万人以上的黑森雇佣军。但这些雇佣军却

【走近德国】

德国境内河网密布，主要有莱茵河、威悉河、易北河、多瑙河等。这些河流水量丰沛，各河之间均以运河沟通，具有很大的经济、航运价值。

"病死、失踪"大于"战死",大多数最后成了美国早期的公民,与他们战斗的主体不是所谓的"美国大陆军",而是共济会成员法国"拉法叶侯爵"(他的背后就是罗思柴尔德家族,曾直接出任"法国大革命政府的司令"),这场所谓的"美国独立战争"就是一场银行家主导的精彩闹剧,只可惜森森白骨梦中人。

2.灭掉黑森伯爵领地的就是罗思柴尔德家族——拿破仑的"莱茵邦联"(1806—1813)

1805年12月2日"三皇会战","神圣罗马帝国"参加的"第三次反法同盟"战败,直接导致了1806年"神圣罗马帝国",也就是德意志第一帝国的实际灭亡。同年,拿破仑军队进驻黑森伯爵的世袭领地,正式将其并入了"莱茵联邦"。名义上加入这个"邦联"的各方是"独立国家"(宣布自愿脱离"神圣罗马帝国"),但实际上是法兰西第一帝国中由拿破仑直辖的一块领地,"拿破仑是莱茵邦联的法定保护者,并主管军事和外交",这个地区

的货币和金融，由法兰西银行和各邦国由包括犹太银行家罗思柴尔德在内的大银行家族建立的"特许银行"共同控制，他们之间有合作也有争斗。但由于"马太效应"的存在，控制了法郎体制制高点的罗思柴尔德家族逐渐占据了主导地位。

"黑森雇佣军"是古代欧洲银行家族建立跨大西洋金融僭主体制过程中的一个因素，"黑森伯爵领地"的消失，不过是历史任务的完成，不过是法国财富之争的涟漪罢了。

第二节 50亿金法郎秘密进了罗思柴尔德的腰包

（一）《锡安长老会纪要》的真假与现代共济会的兴起

武装银行"圣殿骑士团"和延续"圣殿骑士团运动"，是古典共济会在古代欧洲唯一一次可以确定的公开存在，但由于其金融压迫策略，让各国共同起来摧毁了"圣殿骑士团"，共济会运动也就地下化了。

但是，如果把《锡安长老会纪要》当成真实的历史文献，则共济会与银行家族重新站在人们面前，则可称作共济会运动与金融资本结合的第二次高潮（下面《锡安长老议定书》就是《锡安长老会纪要》的不同译法，还有《锡安长老会会议纪要》等译法，是指同一份现代共济会会议记录）。

"《锡安长老议定书》概要地规划了一份统治世界的蓝图。起初读来，它似乎是一群把自己视为至高无上的主宰者决心建立世界新秩序的马基雅维利式的行动计划，但内容有点类似于办公室备忘

【走近德国】

2007年，德国总人口8230万，仅次于俄罗斯，居欧洲第二位。其中，东部人口约占20%。德国民族构成单一，德意志人占90%以上，少数民族有丹麦人、荷兰人、犹太人、索布人等，以及20世纪60年代后从国外迁入的大量移民。

录。议定书鼓吹一个多管齐下的阴谋，旨在制造混乱和无政府状态，颠覆某些现存的政权，渗入共济会和其他类似组织的内部，最终实现对西方世界的社会、政治、经济部门的绝对控制。《锡安长老议定书》的匿名作者们明确宣称，几百年来，他们"根据一项有史以来无人可以想象的政治蓝图"而"掌控"了所有的民族。对于现代读者而言，这份议定书似乎是由某个虚构的组织设计出来的，像伊恩·弗莱明的小说中詹姆士·邦德的敌人"鬼怪"那样的组织。

但是，当议定书首次出版的时候，它却被认为是1897年在巴塞尔召开的国际犹太教大会上起草的。这一推断早已被证明是一种谬论。

具体来说，议定书最早的复制件所用的语言是法语，而1897年那次大会没有一位代表是来自法语国家。除此之外，早在1884年就流传着一份议定书的复制件，比1897年大会的召开早了整整13年。

1884年版的议定书现身于某个共济会支部的会员之手，帕普斯也属于这个组织，他后来成为共济会的总大师。而且，该支部也是欧玛斯这个名称首次出现的地方。

欧玛斯是一位埃及圣

人，他曾经把基督教传说与异教传统相结合，创立了"玫瑰十字会"。现代学者普遍认为：事实上作为出版物的议定书至少某些部分有1864年在日内瓦出版的一部讽刺作品的影子。

在历史上，德国曾是一个传统的人口迁出国，从1846年到1939年累计向外移民500万人，现在却成了世界上移入侨民最多的国家之一。这些侨民绝大多数来自土耳其、前南斯拉夫及其他地中海沿岸国家。

这部作品是由一个叫莫里斯·乔利的人写的，旨在攻击拿破仑三世。此人最终锒铛入狱。

据说乔利是"玫瑰十字会"会员。不管这一点是否属实，但这个人的确是维克多·雨果的朋友，而雨果和乔利一样憎恶拿破仑三世，他也是"玫瑰十字会"会员。

《圣血与圣杯》的作者很严谨地考证了这个文献的来源，的确是出自共济会成员莫里斯·乔利之手，但目的又是"旨在攻击拿破仑三世"，这是为什么呢？

莫里斯·乔利和雨果是古典共济会运动"玫瑰十字会运动"的成员，拿破仑三世是由德国犹太银行家罗思柴尔德家族利用其主导下的法兰西银行，秘密通过"富尔德银行"资助，让其在1851年政变上台，一度复辟称帝，是一个典型的金融僭主体制下的傀儡。

他们也是1860年英法联军第一次"火烧圆明园"的罪魁祸首。拿破仑三世是现代共济会成员，这就出现了一个现代共济会成员被古典共济会成员攻讦的"矛盾现象"，那么不论《锡安长老会纪要》是否真实，但共济会"内部"这个矛盾的确存在，问题是：现代共济会和古典共济会是一回事吗？

(二)《锡安长老会纪要》讨论的到底是什么呢？

下面举一些与银行家有关的内容：

"政治自由只是一种理想而非现实。必须了解如何使用这种理想以吸引大批追随者建立党派并去削弱对手的权威。如果对手也拥有自由主义思想的话就更容易了，这样就迫使他交出权力。这样政府被迫退出的领域立刻就将被新的权力掌控。这个新的权力就是黄金。"

"世界的每个角落都充斥着'自由、平等、博爱'，感谢那些人替我们摇旗呐喊。所到之处终止一切团结，摧毁国家体系。这将是我们的王牌——摧毁一切贵族政体，代之以我们教育出来的建立在金钱上的新贵。这个新贵阶层的资格将以财富和教育水平来衡量，而财富和教育则掌握在我们手中。"

"我们将要制造经济危机使交易和生产停止，从而引发仇恨。我们将要通过各种隐秘手段，通过完全掌握在我们手中的黄金的帮助制造普遍的经济危机，将欧洲所有国家的工人同时抛上街。它唯一的目标是利润，也就是黄金，从而形成对物质和享乐的崇拜。所有国家机器都依赖引擎运转，而这引擎就在我们手里，这就是黄金。由我们长老发明的政治经济学很早就将桂冠授予了资本。资本必须能自由地垄断工业和商业，这已经通过我们的手在世界范围实施了。通过减少流通中的货币来制造经济危机。大资本停止了流动，钱从国家收回，而政府正是一直靠它们的贷款运作的。这些贷款以及高额利息沉重地压在政府财政头上，使政府成为大资本的奴隶。"

"当前的货币发行量与实际需求并

【走近德国】

近年来，来自亚洲的移民逐渐增多。侨民大多从事工资低、无须复杂技术的体力劳动，如许多城市的清道夫，90%以上是外籍劳工。这些外籍工人已成为德国劳动力中的一个重要组成部分。

不相符,因此不会令底层人民满意。货币发行量应与人口数量(包括儿童)相符,从他们出生的那天起就应被算作货币消费者。货币发行量的调整是一个客观问题。你们已经看到金本位对采纳它的国家所造成的破坏,因为它不能满足社会对于货币的需求,原因是我们在尽可能将黄金从流通体系中剔除。各种债务不断弱化各国政府,它就像达摩克利斯之剑一样悬挂在政府领导人头上。他们已无法增收临时税款,只能向我们的银行家乞讨。国际债务就像水蛭一样依附在政府身上,然而它们仍乐于此道,直到失血而亡。如果贷款是5%的利率,20年后利息将与本金持平,40年后则超过一倍,60年后超过3倍,而此时债务仍然没有被清偿。这样各国政府就必须从穷人手中搜刮最后一分钱以偿还贷款。如果债务只存在于一国之内,那么财富不过是从本国的穷人手中流到富人手中。如果能够向世界放债,那么各国的财富就会源源不绝地流入我们的钱匣子。我们将通过行贿等手段不断地借钱给政府,即便他们并不需要。这样就产生了无法偿还的债务,甚至必须通过再借钱以支付利息。这样债务就越滚越大,到最后他们只能偿还利息,而永远无法偿清债务。我们手中掌控着这个时代最强大的权力——黄金。只需要两天时间,我们就能从库房提出所需的任何数量的黄金。”

从这些内容来看,主要是银行家与欧洲各国传统贵族王国政府之间的斗争,这种斗争的确一直存在,可以大致确定这些会议纪要诞生的历史背景。虽然这些会议纪要是在19世纪末为人所知,但也可能是18世纪末或19世纪初的产物。虽然《锡安长老会纪要》来自古典共济会成员莫里斯·乔利,甚至他还因此被现代共济会成员拿破仑三世关

【走近德国】

　　长期以来,德国人口增长缓慢,人口不断老化,这已成为德国面临的一个严重的社会问题。德国是世界上人口密度最大的国家之一,平均每平方公里230人。

进了监狱,但这不能直接证实该文献的真实性,只能说"不完全是空穴来风"。

说它是"书"是不准确的,也不是一次会议的内容,大致是一连串会议中,不同与会人员发言的记录,故此"你一句,我一句",并不成段落,故称"锡安长老会纪要",实际上被认为是现代共济会的一些零散会议纪要,但无法证实这些传言的真实性。

(三)50亿金法郎归属德国犹太银行家,引起了德国容克家族的不满

欧洲跨国银行家族对普鲁士和法国的金融事务,都拥有绝对的发言权,1800年法兰西银行建立以后,已经是发展了几百年的金融僭主体制开花结果的历史时期了。普法战争(1870.7.19—1871.5.10)的主角就是拿破仑三世和俾斯麦。

这场战斗法国失败,拿破仑三世的统治也被终结了。但是拿破仑三世是罗思柴尔德银行用左手通过其控股的法兰西银行找

到富尔德银行,秘密扶植政变上台的法国银行代理人;罗思柴尔德的右手直接通过老梅耶的长子阿姆斯洛扶植银行代理人,事实还不仅如此。

"一些国家领导人也来讨好罗思柴尔德家族。在普法战争期间,巴黎被普鲁士人围攻近4个月。在这段物资缺乏的时期,无路可走的巴黎人到动物园去找肉吃,拿猫肉、鼠肉当晚

餐。首相俾斯麦以及毛奇元帅不堪目睹如此惨状,全都躲到了罗思柴尔德家族的城堡中。"

"普法战争"的结果是"德意志第二帝国"的建立,实际上是武装银行条顿骑士团的普鲁士领地的"发扬光大"。这时"德意志第一帝国"留下的几百个诸侯领地中,有50余家银行发行银行券(其中31家"正式发行银行券",另外一些用"债券"的形式发行实际的

"银行券",故此实际有50余家,31家被看作是"独立央行",简直是"独立央行四处开花",秘密就在于:用数字换取一切的"买卖",简直是太有吸引力了),70余种各国硬币在流通(实际上并不像看起来这样乱,因为计算的是金银的重量,而不是硬币本身)。

普法战争最大的成果就是"德意志帝国银行",也就是"普鲁士"变成"德意志第一帝国"后,发行银行券的"独立央行"。这个"独立央行",由"Amschel Mayer von Rothschild"(阿姆斯洛·罗思柴尔德,全称是"阿姆斯洛·梅耶·冯·罗思柴尔德",这个"冯"是指有贵族封号,"梅耶"是指父亲,"阿姆斯洛"实际上的常见译法是"阿姆谢尔",但参照《货币战争》中宋鸿兵先生的译法,予以统一,以便于尊敬的读者阅读)一手建立。"德意志帝国银行"就是犹太银行家族罗思柴尔德家族为首的跨国垄断银行家族集团的一个私有机构。法国50亿法郎"战争赔款",当然不接受罗思柴尔德家族控股的法兰西银行开出的"银行券账面数字"了,要的都是金币,这是对法国各阶层的又一次洗劫,是一次由银行家左右手导演的财富之争。

这50亿法郎金币都归了"德意志帝国银行","德意志第一帝国"的花费则来自"德意志帝国银行"发行的"银行券",这就让犹太银行家族用"数字"一举得到了50亿法郎金币,这在当时是一笔不能想象的巨款!为了欺骗法国舆论,罗思柴尔德家族通过其在法国的"洛希尔银行"("洛希尔"是"罗思柴尔德"的法文译法)还向法兰西银行借贷过1亿金币,但这不过是个骗局。因为这不过是让罗思柴尔德家族控股的"德意志帝国银行"少收入了1亿金币,却让罗思柴尔德在法国的家族商业银行洛希尔银行得到了1亿法郎的债权，增加了对法兰西银行的控制能力，还欺骗了法国舆论。

实际上，罗思柴尔德家族的"付出"和"借贷"的内容都是"数字"，得到的却是"金币"和"特权"，这笔交易巨大的收获，就是1870年法国财富之争的巨大价值，这是世界财富之争"光辉灿烂"的一幕。

第三节 透过"维也纳银行家事件"看幕后主导能力

由于1805年"神圣罗马帝国"在"三皇会战"中失败,"神圣罗马帝国"(也就是所谓的"德意志第二帝国")的末代皇帝弗郎茨二世(1768.2.12—1835.3.2)在1806年就放弃了"神圣罗马帝国的封号"(有人把这个封号称作"德国皇帝",这有一定的讨论空间),

此后是奥地利国王(因为奥地利是"神圣罗马帝国"的核心,可见由"普鲁士王国"发展起来的德国,不能简单看成是"神圣罗马帝国"后面的"德意志第二帝国",早年条顿骑士团统治的普鲁士不说德语,说普鲁士语,德语的学习和使用用了几百年时间)。他甚至不得不把女儿玛丽·路易莎(1791.12.12—1847.12.17)嫁给拿破仑,以此"和亲"。此女极不简单,不仅是拿破仑二世的母亲,还不引人注意地周旋在银行家与贵族之间,她的存在和活动是拿破仑最终毁灭的原

因之一。

把拿破仑扶上台的共济会秘密成员、秘密商业情报体系的头子"约瑟夫·富歇"在1815年4月（拿破仑彻底灭亡是在1815年6月18日的滑铁卢战役）和"奥地利"的银行家代表，与"约瑟夫·富歇"到巴塞尔密会（1930年，罗恩

柴尔德家族的银行代理人挑头在瑞士巴塞尔建立的一个有英、法、德、意、比、日等国"独立央行"参股的世界央行雏形，不仅银行家可以免税，还有"外交豁免权"，是一个犹太金融资本，罗思柴尔德家族拥有的跨国私有金融机构）。这次密会的联络人就是克莱门斯·梅特涅（1773.5.15—1859.6.11），他历任奥地利王国的驻法大使、驻德大使、外交部长、奥地利首相等职，表面上此时奥地利和法国自然是敌对国。

可拿破仑不敢抓"约瑟夫·富歇"，甚至拿刀子让他捅了自己，可见其疯狂和气急败坏，原因就在于拿破仑是银行家让"约瑟夫·富歇"帮助其上台的，靠的就是"外国"（指针对法国而言）银行家族，上台后两个月就让外国银行家成立了一个所谓的"法兰西银行"，实际上空空如也（0.3亿法郎的注册金，用的就是法兰西银行券，也就是分文没有出），不过是一个私有金融卡特尔，德国犹太银行家罗思柴尔德就是主要股东。"克莱门斯·梅特涅"之所以官运亨通，就在于他是罗思柴尔德家族在"奥地利王国"（原"神圣罗马帝

【德国经济】

德国是欧盟中经济最发达的国家,其国内生产总值约占欧元区总量的1/3。在国内生产总值中,工业占29.6%,农业占1%,服务业占69.4%。德国统一后,经济实力进一步增强。但东部地区发展水平远落后于西部地区,其国内生产总值和外贸出口只占全德的7.7%和2%,今后发展潜力很大。

国"的残余)的银行代理人。

这就是"维也纳银行家事件"的真相,德国犹太银行家族对法国、奥地利、德国的金融、经济、情报、政治的主导能力,由此可见一斑。

世界财富之争必须按照国家的顺序来记录,可古代欧洲的跨国金融资本已经发展到可以主导各国兴亡的地步,这就是金融僭主制度。

大诗人拜伦曾写过一首四行诗来讽刺这些银行权贵:

是谁让新与旧、痛苦与欢乐并存于世?

是谁让政界人士变得那样巧舌如簧、八面玲珑?

是拿破仑的双倍英灵?

还是犹太人罗思柴尔德和同僚克星斯汀·霸菱?

银行家制造的这些战争,给包括犹太民族在内的欧洲人民带来了深重的灾难,这是古代欧洲垄断金融资本犯下的罪行。梅特涅、拿破仑、俾斯麦这些风云人物,不过是拜伏在金币和私欲脚下的傀儡。他们不是不理解这里面的"奥妙",不是不知道银行家族制造了这些"战争"与"和约",而他们却为了私欲,粉墨登场,一本正经地在台上发表着慷慨激昂的演说,台下都在计算着用自己民族和祖国根本利益换来的金币和"前程"(拿破仑除外,他父母是意大利佛罗伦萨银行经理人世家,不是法国人,也不是科西嘉人)。

哪有什么"铁血宰相"(俾斯麦的"历史称谓")?哪

有什么"政治将军"（后人对拿破仑的高度评价）？哪有什么"神奇的外交家"（当时人们对梅特涅的"定位"）？这些历史的头衔和评价虽然闪烁着耀眼的光辉，可如果没有主人金币的魔杖，他们就会突然失去"天赋"，不是老死家中，就是顾此失彼，甚至被默默地毒杀，哪里还有半点才能？

【德国经济】

德国工业高度发达，工业是德国经济的支柱，工业就业人数占全国总就业人口的25.9%。

第四节 财富名人榜——西门子

西门子是德国工程学家、企业家,电动机、发电机、有轨电车和指南针式电报机的发明人,改进过海底电缆,提出平炉炼钢法,革新了炼钢工艺,西门子公司创始人。

1816年,西门子生于汉诺威一个农民家庭,在家中14个孩子里排行第四。因为家境贫困,西门子没有念完中学。

1835年,西门子加入了普鲁士军队,在柏林炮兵工程学校接受了专门培训,系统地学习数学、物理、化学和弹道学等方面知识。在受训之后,西门子被晋升为中尉,并埋头于科研工作和技术发明。

1847年,西门子和机械工程师哈尔斯克依靠自己堂兄的投资,建立了西门子—哈尔斯克电报机制造公司,主要生产西门子发明的指南针式电报机,这个公司也就是后来西门子公司的前身。1848年,西门子公司赢得了法兰克福至柏林的电报线路合同,从此开始了大发展。

1853年,西门子—哈尔斯克开始在俄国建造电报网络,并于两年后结束了工程。网络全长1万公里。公司与俄国政府签订了"长期远程"特别维修合同,并被官方指定为"沙皇俄国电报系统建造与维修承包商"。

1866年,西门子发明了发电机的工作原理,并由西门子公司的一名工程师完成了人类第一台发电机。同年，西门子还发明了第一台直流电动机。西门子研发的这些技术往往马上被产品化投入市场，或者将其应用到新的产品中。例如有轨电车（1881）、无轨电车（1882）、电梯（1880）、电气火车（1879）等都是西门子公司利用其创始人的发明最先投入市场的。

1890年，西门子退休。此前德皇弗里德里希三世授予其贵族称号。西门子的名字也被用来命名电导率的单位。

1892年，西门子在的他自传变成铅字的时候离开了人世。

名人逸事

　　西门子5岁的时候，在父亲的房间玩，这时比西门子大3岁的姐姐哭泣着由母亲带进屋子。她本来要去牧师家上编织课的，但是她哭着说："牧师家的庭院门口有一只凶猛的雄鹅，它总是拦着不让我进院，我已经被啄过好多次了。"尽管母亲劝了她半天，但她还是不同意在没有别人陪同时去上课。

　　于是，父亲递给西门子他的手杖，这手杖比西门子本人还要高。父亲说："让西门子陪你去，我希望他的勇气要大过你。"

　　西门子起初的时候感到有点迟疑，当打开牧师家的庭院大门时，那只大雄鹅高高地抬起它的长脖子，发出令人害怕的叫声，迎面朝西门子跑过来。西门子的姐姐一边叫喊着，一边往回跑。西门子紧闭着双眼，走向这个庞然大物，勇敢地挥起手杖向身前砸过去。这时，大雄鹅害怕了，叫着跑到鹅群中。

第五节　德国犹太银行家族不败的秘密

（一）"金本位"的骗局

纵观德国财富之争,有许多银行家族相互争霸,试图主导德国的金融和货币体系,但犹太银行家族一直立于不败之地,原因就在于罗思柴尔德家族拥有绝对主导的金币供给能力,这种能力绝不是依靠给小小的"黑森伯爵"打理财务可以获得的,有一个更早和更有组织的可靠来源。

德国银行家罗思柴尔德家族与其说是一个银行家族,不如说是一个历史现象。他们对于欧洲金币的主导,对"金本位"的持续秘密推广直到今天。这里简要说一下,犹太银行家族如何制造金融危机,最终在德国取得了主导权,成了德国金融卡特尔的霸主。

这个金融把戏重复了无数次,尊敬的读者看后会感到"很熟悉",可人们还是不断地被金融战打垮,就在于金融僭主娴熟的宣传和控制能力,这的确是财富之争学研究中,

特别要注意和学习的经验。

（二）德国财富之争（1871年）

为了让整个财富之争更加条理化，把这个主导过程，称为"德国财富之争（1871年）"。

1. 财富之争的第一阶段，即"准备阶段"：（战役背景：1871年以前）

普鲁士地区和整个"神圣罗马帝国"的各个贵族领地，有几十家银行在发行银行券。但其中只有几个银行家族在主导，最主要的银行家族就是犹太银行家罗思柴尔德，尤其是普鲁士银行，几乎由罗思柴尔德家族拥有。但这不能说"不公道"，因为他们"保证兑换"。所以，在这个时期，罗思柴尔德家族最大的敌人已经不是其他"银行家族"了，而是"国家法币"。在此后的时间里，跨国垄断金融资本一直在玩弄一个"概念骗局"，他们不停地让国际金融体系在"国际债权人控制的法币体系"和"各种花样百出的金本位体系"中间摇摆，似乎让人们自由选择，而不论如何选择都是一个金融骗局。因为，选择了"国际债权人控制下的法币体系"就选择了通货膨胀和虚拟经济，也就交出了一切财富和实体经济的所有权；选择了"金本位货币"就会立刻制造出"金币流动性短缺"，大幅提高了罗思柴尔德等银行家族手中黄金储备的价值和"筹码"，最后让各国政府反而丧失了货币的发行权。

人们只要稍加研究和考证，就会发现一个有趣的现象：美元和欧元背后都有罗思柴尔德家族的影子；美元利益集团在宣扬美元体制不败的观点，欧元利益集团则在宣扬超主权"金本位"世界

【德国经济】

工业门类多，几乎包括了轻重工业的所有部门，但侧重于重工业。机械、汽车、化工与电子电器构成德国工业经济的四大支柱，占全部工业产值的40%以上。其他如采煤、钢铁、造船、石油加工等都十分发达。

货币，一些似乎是"揭露"罗思柴尔德家族的论调，背后却是欧元理论集团，也就是法兰西银行和德国央行股东集团（即"独立央行""国有化"后的"国际债权人集团"），也就是罗思柴尔德家族在支持，对这种现象要有足够的理解力和幽默感。

这里一切的秘密就在于："独立央行理论"、"债务货币理论"、"赤字国债理论"剥夺了"国家法币"出现的可能性，否认了"预发行货币余量"的存在，让货币发行必须和债务挂钩。选择本身如果是骗局，选择的唯一结果就是坠入骗局。

2. 财富之争的第二阶段："德意志第二帝国"和"德意志帝国银行"建立阶段（1871—1876）

（1）将普鲁士王国成功"提升"为"德意志第二帝国"，并建立了一个跨国金融资本拥有的"独立央行"——德意志帝国银行，从广义财富之争学的角度拥有了德国一切财富和实体经济的所有权。

（2）成功攫取了在普法战争中法国赔付给普鲁士的50亿金法郎，一举完成了主导德国货币事务所需的资本积累，为以后实施"金本位"打击其他银行家族和阻止德国政府发行法币奠定了坚实的硬币储备基础。

（3）1870年通过法案阻止"银行券发行行"的增加，限制了新的竞争对手的出现。

（4）1875年通过《银行法》，授权使巴登地区特许银行、巴伐利亚地区特许银行、萨克森地区特许银行、符腾堡地区特许银行依然有权发行银行券，实际上取消了其他银行发行银行券牟利的"权力"。这极大地削弱了容克家族地方势力对德国金融、货币事务的发言权（对于原有银行券发行行的数量，有31家和32家两种说法，经过对比，发现可能由于前者感觉没有必要包括普鲁士银行，而后者则算入，把德意志帝国银行看成一个"新事务"）。

【德国经济】

　　德国对国际市场的依赖性强。德国主要工业部门的产品有一半或一半以上销往国外，而工业原料和燃料又大都靠国外市场供应。

（5）1876年正式建立德意志帝国银行，由银行家族发行银行券，进入德国经济领域流通。这开启了罗思柴尔德银行家族主导德国货币事务的新时代。

3. 财富之争的第三阶段：针对德国金融资本的财富转移阶段（1871—1935）

"德国银行资本的来源几乎全部来自国内，只有达姆斯塔特银行是例外，不仅它的模式是法国的，资本也是法国的。"这很有趣。因为法国金融资本"几乎全部来自法兰西银行券"。

（1）对德国金融资本的第一次兼并（1876年以后的一段时间）

（上一个战役阶段目的是把德国的经济所有权和财富集中于金融资本手中；这一阶段则主要消灭金融资本，使之凝结为垄断金融资本）

1875年的"德国四大银行券发行行"的确立，并没有将其他31家银行券发行行消灭，而是限制了其使用范围，这导致15家"银行券发行行"逐渐崩溃，垄断金融资本完成了对德国金融资本的第一次资本兼并。这些破产的银行大多是垄断金融家族的"盟友"、"朋友"、"姻亲"、"银行代理人"，但这丝毫不影响财富之争的实施。

（2）对德国金融资本的第二次兼并（1905年）

通过制造"金融危机"，迫使剩下的16家银行券发行行陷入破产。

（3）对德国金融资本的第三次兼并（1935年）

通过制造金融危机，引发政治危机和信用危机，迫使"四大银行券发行行"退出银行券的"发行业务"，完成了垄断银行家族对德国金融货币事务的资本兼并。

（4）这个时期，垄断金融资本主导的德国银行业，已经完成了对德国工业的绝对主导，银行家和工业家的界限消失了，他们交叉任职，统一在德意志帝国银行的马克旗帜下，再也没有任何分歧了。

4. 有关德国财富之争的补充说明：

（1）大约在1905年前后，由于原来与各地区银行券发行行共生的德国实体经济赖以独立存在的地区银行券发行行都被消灭了。德国的实体工业已经主导在垄断金融资本手中。

（2）犹太垄断金融资本通过不断制造对银行券的不信任，利用手头的金币优势，迫使其他银行券发行行破产，这一金融战策略极为有效。

（3）当银行券发行行破产以后，德国大量的工业资本和金融资本还存在，垄断银行家族仅能通过拥有货币发行权，进行广义拥有。他们先后在法兰克福和柏林建立了证券交易所，把德国工业资本和德国金融资本的资产"流动化"，虚拟经济化，然后开始"狭义拥有的进程"，这时第一次世界大战必须爆发，不然就无法完成这个过程。罗思柴尔德夫人曾经说过："这个世界上没有比我的儿子们更热爱战争的人了。"需要补充一点的是：当跨国垄断金融资本逐渐完成了对世界金融体系的主导和实体经济的广义拥有时，就"没有比银行家更热爱和平的人了"。这种"和平"不过是对财富之争胜利态势的维持，是保持一种隐形的金融战争状态，并不是真正的和平。虽然这时和平的旗帜四处可见，却危机四伏，这是财富转移机制高效运作的险恶时刻。

1910年，德国资本超过1亿"金马克"的只有6家：德意志银行2亿马克、德累斯顿银行1.8亿马克、贴现公司1.7亿马克、工商银行为1.54亿马克、沙夫豪森银行1.45亿马克、柏林商业公司1.1亿马克。此时，德国金融资本控制的全部存款和实体经济所有权不超过1000亿马克。可经过第一次世界大战，德国大量财富被"马克化"，可取得了这些马克，交出了所有权的德国各界立刻发现，号称"永不贬值"的"金马克"累计贬值得一塌糊涂。跨国垄断金融资本"拥有"德国各阶层全部财富的"付出"，不超过1个面包的价值。

【德国经济】

德国经济垄断性强。占德国工业企业2.5%的1000人以上的大企业，占就业人数的40%和营业额的1/2以上。

第六节　财富名人榜——保罗·路透

　　1816年7月22日，路透出生在德国小城卡塞尔的一个学者家庭，父母均为犹太人。1829年其父去世，13岁的路透中止学业，不久去格廷根市到他叔父办的银行里任小职员。路透从小数学很出色，对富于数学变化的汇兑业务颇感兴趣。在这座商业城市里，他还逢场作戏地当过推销员，做过沿街叫卖的小贩。这些经历使他积累了经商的才能和经验。

　　1848年，路透来到柏林经营一家书店。当时欧洲政局动荡，人们对议论政治的读物很感兴趣，争相购买和阅读。路透也开始印刷和发行有政治内容的刊物和书籍。

　　1849年，路透在巴黎开始独立经营新闻业务。路透的服务对象是德国的地方报纸，这些报纸很想刊登法国的消息，路透每天把一大堆法文报刊粗略地看一遍，从中选适合德国人口味的新闻编译成稿件。

　　1851年，路透来到英国伦敦，在伦敦皇家股票交易所附近租用两个房间，正式建立路透通讯社。路透社成立整一个月时，即11月13日，横贯英法间海峡的海底电缆正式投入使用。路透把欧洲大陆发来的金融、商业消息编成《路透社快讯》，供给英国的交易所、银行、股票商、投资公司、贸易公司，同时向巴黎、柏林、维也纳、阿姆斯特丹等地发布商情消息。到了1852年，《路透社快讯》的名声已远扬东欧地区。

1865年,路透的通讯社成了总资本为25万英镑的股份有限公司。1870年,路透社与哈瓦斯社、沃尔夫社缔结了一个划分采访和发布新闻范围的协定。随后美联社也参加了这一协定。根据协定,路透社分配的地盘为:英帝国、埃及(同哈瓦斯社合作)、土耳其及远东等。

1899年2月25日,他走完了自己生命的最后旅程。人们在伦敦皇家股票交易所里为他竖立了一尊大理石雕像。路透的名字与他的"通讯帝国"一起,在世世代代流传。

现在,路透社是世界四大通讯社之一,也是英国创办最早的通讯社。

名人逸事

有一天,路透正在办事处附近一家饭馆中吃午饭,小伙计格里菲思气喘吁吁地跑了进来。英国人走路时步履稳重,就是好动的小伙子,除非在特殊的情况下,否则一般也不跑步赶路。由此看来,路透认为是发生了什么大事。

格里菲思说:"路透先生,有位顾客好像要订货。他正在办公室等您。"

路透说:"真不会办事!客人留在家里你倒跑了出来,这工夫客人要是走了怎么办?"

格里菲思吃吃一笑,满有把握地回答说:"放心吧,我怕那位先生会走开,所以临出来时悄悄地把大门反锁上了。"

在路透和小伙计两人的这种"全社上下一致努力"下,在短短的几个月之后,不仅在伦敦的订户逐步增加,就是在海峡对面的巴黎,路透的行情快讯也成了畅销品。

第二章　德国经济地理探秘

　　德国是西方世界仅次于美国、日本的经济发达国家。其经济实力与经济发展水平居欧洲联盟国家首位,1995 年国内生产总值达 24158 亿美元,约占世界国内生产总值的 8.7%。人均国民生产总值达 27510 美元,居世界前列。

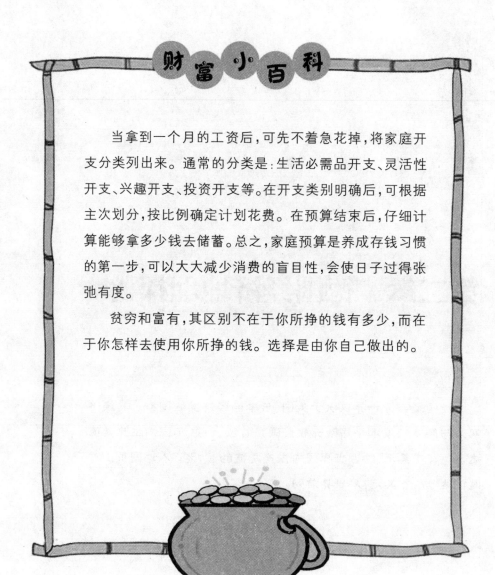

财富小百科

　　当拿到一个月的工资后，可先不着急花掉，将家庭开支分类列出来。通常的分类是：生活必需品开支、灵活性开支、兴趣开支、投资开支等。在开支类别明确后，可根据主次划分，按比例确定计划花费。在预算结束后，仔细计算能够拿多少钱去储蓄。总之，家庭预算是养成存钱习惯的第一步，可以大大减少消费的盲目性，会使日子过得张弛有度。

　　贫穷和富有，其区别不在于你所挣的钱有多少，而在于你怎样去使用你所挣的钱。选择是由你自己做出的。

第一节　欧盟经济最发达的国家

　　德国是西方世界仅次于美国、日本的经济发达国家。其经济实力与经济发展水平居欧洲联盟国家首位,1995年国内生产总值达24158亿美元,约占世界国内生产总值的8.7%。人均国民生产总值达27510美元,居世界前列。

　　第二次世界大战前,德国是仅次于美国的资本主义世界第二经济大国。二次大战中经济受到严重破坏。战后分成东德、西德两个国家,使原有的完整国民经济结构和统一的国内市场受到破坏,给经济的恢复发展带来很大困难。

　　由于德国有着强大的技术力量和高素质的劳动力队伍等原因,战后东德和西德的经济发展均较迅速。20世纪80年代末东德人均国民生产总值达6000美元,是原东欧社会主义国家中经济发展水平最高的国家。西德自1951年至1966年为经济高速增长阶段,国民生产总值年均增长7.1%,被西方世界称为创造了"经济奇迹",并实现了工农业现代化。

　　德国统一后,由于国内需求增加,扩大了投资,曾一度刺激了经济增长势头。但随后经济增长放缓,这是因为东部地区的改造耗资高,使其经济发展负担沉重;长期的高利率伤害经济发展;国内的高税

> **【德国经济】**
>
> 　　德国钢铁工业发展历史悠久,技术先进,在世界上占有重要地位。2007年,德国钢产量4850万吨,居西欧第一、世界第七。

收、高工资,不利于吸引外资;以及国际经济不景气,特别是美国经济衰退的影响等因素造成的。

德国是世界重要的对外贸易国,1995年进口与出口贸易额均次于美国居世界第二位。出口额达5237亿美元,占世界出口总额的10.2%。进口额达4642亿美元,占世界进口总额的8.8%。长期的贸易顺差,使德国的国际储备总额达1218亿美元。对外贸易在德国经济中占有极其重要的地位。其出口额占国内生产总值1/5以上。出口商品占商品生产的1/2以上。1/3的就业人员直接为出口业而工作。石油、天然气、农产品和服装是重要进口物资;出口产品以高技术的工业品为主,汽车、各种机械、化工产品和电器的出口均在世界市场占有相当大的比重。1995年出口产品的57%进入欧盟,65%~70%的对外贸易与欧洲国家进行,法国是其最大的进出口贸易伙伴。国内的就业、投资、收益和生活水平大都取决于国际贸易的发展。

第二节　高度发达的工业

工业是德国国民经济的决定性部门,其产值占国内生产总值的35.5%,就业人数占全国就业总数的31%(1994年)。德国在世界经济中强有力的地位,主要是由其高科技的工业产品及其在国际市场上的竞争力决定的。

德国是西方世界仅次于美国、日本的第三工业大国。发电量、汽车、机械、化纤、塑料、合成橡胶、硫酸、烧碱、钢铁和新闻纸等的产量,均居世界前列。

工业结构以重工业为主。机械、汽车、电气、化学工业是工业的"四大支柱",其产值占全部工业产值的2/5以上。传统的工业部门仍有较强的竞争优势,新兴的电子、核能、航空航天等工业发展迅速。工业所需的原料特别缺乏,矿物原料、铁、铝土、锰、钛、磷酸盐、钨、锡等绝大部分依赖进口。主要工业部门的产品1/2或1/2以上供出口。

能源工业。德国的能源消费结构以石油、天然气为主,占消费结构的60%(1995年)。由于德国石油、天然气资源缺乏,石油储量仅5000万吨,

【德国经济】

德国是世界主要钢铁出口国之一,且以出口钢管和钢板为主。其中,曼内斯曼公司生产的大口径钢管全球驰名。德国钢铁企业以大型为主,七大钢铁公司产量占全国产量的2/3以上,其中最大的企业是"蒂森克虏伯",其产量占全国产量的1/3以上,在全球最大的金属冶炼企业中位居第八位。

【德国经济】

德国发展钢铁工业的最有利条件是焦煤资源丰富，但铁矿石几乎要全部进口，主要来自巴西、利比里亚、加拿大、澳大利亚及瑞典等国。

天然气储量3500亿立方米，年产石油不足400万吨，所需的石油几乎全部需进口。在能源工业中以煤炭、电力工业最为重要。

（一）煤炭工业。

煤炭工业是德国历史悠久的工业部门，煤炭的大力开发和综合利用，是产业革命时期德国迅速成为世界工业强国的重要原因之一。

德国煤炭资源丰富，硬煤的经济可采储量为240亿吨，褐煤的经济可采储量约940亿吨。煤炭（硬煤和褐煤）在能源消费结构中的比重逐年减少，1950年占天然能源消耗的88%，1995年已下降为占27.1%，但仍超过一般发达国家的比重。

煤炭工业在能源生产中占重要地位，在能源生产构成中占60%。1994年德国硬煤产量为5886万吨；褐煤产量达2亿吨，居世界首位。

德国煤炭工业突出的特点是：（1）硬煤质量好，60%是可供炼焦用的优质肥煤，储量分布集中，且90%集中在鲁尔区，8%分布在萨尔区。鲁尔区硬煤产量占4/5以上。由于长期开采，现有硬煤田的地质条件较差，矿井平均深度已超过850米，而且煤矿工人工资高，使得吨煤生产成本高于国际市场价格3.5倍（1996年），每年国家要补贴几十亿马克，以减少煤炭工人的失业。硬煤产量逐年下降。（2）褐煤资源丰富，质量高，埋藏浅，利于露天开采，生产成本较低，综合利用率高，大部分用于动力，可发电、供热，并可做化工原料或用于生产煤气、做家庭用煤砖，优质褐煤还可炼焦。主要分布在西部莱茵河下游左岸和东部北纬52°以南的易北河东、西地区。1990年以后由于东部地区褐煤生产对环境的危害和能源供应的多样化,到1995年底开采减少了约65%。(3)生产技术与机械化水平高。其采煤综合机械化程度高达96.8%,居世界首位。煤的气化与液化技术也居世界前列。煤直接液化生产的液化油质量高于天然石油,可合成汽油用于汽车业。(4)煤炭综合利用程度高,采煤与电力、炼焦、钢铁、煤化学、建材工业等联营生产,形成以煤炭开采业为中心的综合工业区。(5)注重煤炭产区的环境保护工作,制定严格的环保法律规定。露天开采的煤矿,必须在原址重建农田、营造森林和湖泊,以保护环境和土地资源。

(二)电力工业。

德国电力工业发展速度超过整个国民生产总值的增长速度。1996年德国发电量达5470亿千瓦时,居世界前列。充足的电力供应,协调了各个经济部门的发展,是实现工农业电气化和新科技革命的物质保证。发电站主要分布在莱茵褐煤产区、东部莱比锡附近褐煤产区和东部科特布斯附近的下劳齐茨褐煤产区。莱茵褐煤区的坑口电站——下奥森电厂是西欧最大电厂,装机容量270万千瓦。

20世纪70年代以来,核电发展迅速。核能已成为电力工业中仅次于煤炭的第二大能源。共建有核电站20座,分散在全国各地,其发电量占全国发电总量的1/3(1995年)。德国核电技术先进,电站工作天数和有效发电时间均居世界前列,并出口核电设备。

钢铁工业 德国钢铁工业历史悠

【德国经济】

德国钢铁工业主要集中于内地,鲁尔区是德国最大的钢铁工业基地,钢铁产量占全国的60%以上。德国7个炼钢能力超过400万吨的钢铁企业,有6个在鲁尔区,另一个位于东北部。

久。强大的钢铁工业是德国发动两次世界大战的物质基础。为了扩军备战的需要,30年代后期发展极其迅速。第二次世界大战后,西德钢铁工业重新迅速发展,东德新建了一些钢铁联合企业。1974年钢铁产量达到历史最高水平,为5940万吨(其中西德5323万吨,东德616.5万吨)。以后由于世界经济不景气,市场需求相对减少,钢铁代用品增多,以及国际市场竞争加剧等原因,西德钢铁工业明显衰退,产量下降,钢铁工业从业人数减少。1996年德国钢铁产量3979万吨,钢铁工业仍不景气。

　　钢铁生产与布局的主要特征是:(1)设备、技术先进,品种齐全,质量优良。德国拥有世界先进水平的烧结、焦化、炼铁、炼钢、轧钢等设备。其焦化、连铸能力等技术经济指标居世界前列,并拥有炼钢、特种钢、钢管等一系列专业化厂,利于新技术研制与设备更新。特殊钢产量比重高,约占全部钢产量的1/5。生产的优质钢材约1/3供出口。(2)布局集中。主要钢铁基地集中了全国80%以上的

钢铁生产能力。鲁尔区是全国最大的钢铁基地，萨尔区和东部以艾森许滕施塔特及勃兰登堡为中心的勃兰登堡州钢铁基地在全国钢铁生产中也占重要地位。

（3）布局以内地为主，这是德国钢铁工业布局的主要特征。20世纪60年代以来，世界主要钢铁生产国的钢铁工业多向沿海

发展，而德国除在威悉河口附近的不来梅港、汉堡等地建有沿海钢铁厂外，钢铁工业向沿海发展的趋势不明显。这是因为德国煤炭资源丰富，鲁尔区等钢铁基地大多为近煤炭产地的钢铁基地，且境内的莱茵河航运发达，从河口的鹿特丹进口矿石，用低廉的水运将铁矿石运至煤炭产区附近，与沿海厂一样可以减少运费、降低成本。所以鲁尔区内的钢铁工业从东部向西部莱茵河沿岸转移。莱茵河畔的杜伊斯堡是德国最大的钢铁公司——蒂森公司总部所在地，有"钢铁城市"的称号。

　　化学工业。德国是世界现代化学工业的发源地，以煤化学工业著称于世。19世纪末，世界化学研究成果的2/3来源于德国。第一次世界大战前，以煤焦油为原料的染料、医药工业和以焦炉气为原料的合成氨、硫酸工业、烧碱工业是化学工业的发展重点。第二次世界大战后，利用廉价的石油和本国雄厚的化学工业技术基础、现代化的装备，迅速发展了石油化学工业。德国的多种无机化学和石油化学工业产品均居世界前列。其化学工业技术、工艺水平也一直居世界最先进地位。在世界十大化学工业公司中，德国的赫希斯特公司、巴斯夫公司和拜耳公司分别居第二、三、五位。

化学工业是德国资本额最大的工业部门。其迅速、持久的发展，促进了整个工业的增长，对战后德国经济奇迹的出现做出了重要贡献。1973年以来，世界市场石油价格的暴涨，对德国化学工业的发展影响较大。一方面德国向原料、劳力价格低的发展中国家投资兴建化工

【德国经济】

德国机械工业在专利登记上居美、日之前，为世界之冠；且在国际上划分的43个专业领域中有25个（占58%）位居世界出口第一名，是世界最大的机械产品出口国之一。

厂；另一方面缩减国内基础化工产品的生产，积极发展高附加值的精制化工产品和新技术产品。80年代起大力发展生物化学，特别是微生物和遗传工程。现在这些领域已居世界领先地位。德国的化工产品1／2以上销往国外。

有机化学、塑料和药品是化学工业的三大支柱产业，其产值占化学工业产值1／2以上。

化学工业的布局多近消费区和原料产地。主要分布在河流两岸、北方沿海城市和褐煤等原料产地附近。鲁尔区所在的北莱茵—威斯特法伦州化学工业在全国占重要地位。这里有鲁尔煤

田、莱茵褐煤田、丰富的炼焦业副产品和输油管供给的石油等化工原料，又是化工产品的集中消费区。科隆对岸的勒弗库森、鲁尔区内的马尔是主要化学工业中心，勒弗库森是世界著名的拜耳公司总部所在地。美茵河畔的法兰克福是德国最大的赫希斯特化学公司所在地。以生产染料、药品、化肥、塑料、合成纤维和合成橡胶等为主，路德维希港是巴斯夫化学公司总部所在地，它是靠输入鲁尔区的煤，发展煤化学工业起家的化学工业城市，现以生产炸药、染料、塑料、化肥和酸碱等化工产品为主。东部莱纳的化学联合企业，是利用当地的钾盐和褐煤发展起来的。

机械制造业。德国的机械制造业仅指一般机械制造，是德国制造业中历史悠久、从业人数最多的部门，人员超过100万。其产品包括机床、农用机械、起重机械、矿山机械、齿轮和变速箱、动力机械、建筑机械、精密机械、光学仪器、印刷机、纺织机械等，达2万多种。近年来，塑料加工机械、通风机械和轻工机械发展迅速。德国的机械产品近1／2供出口，以技术先进、质量优良，在国际市场有很强的竞争力，使德国成为世界最大的机械设备出口国，占西方工业国机器出口总量的1／5。其中以机床最为重要，其产值居世界首位。

机械制造业多中小企业，布局分散。规模较小的机械制造厂，生产灵活，利于不断改进生产技术，更新生产设备，可适应变化多端的市场需求。鲁尔区、柏林、斯图加特和美茵河畔的施韦因富特是主要生产基地。鲁尔区是最大的重型机械

【德国经济】

德国主要工业部门有机床、重型机械、纺织机械、运输机械等。德国机床工业多年来居世界领先地位，2000年机床产值73.3亿美元，居世界第二位，当年出口38.9亿美元，占其产量的1／2以上。在国际纺织机械市场上，德国产品占30％～40％。

制造生产基地，生产成套矿山机械、冶金与轧钢设备、桥梁与建筑用结构钢、酿造与制乳酪设备以及大型内燃机、涡轮机、锅炉、炊事机械等。区内的埃森、多特蒙德和奥伯豪森是主要中心。东部地区的耶拿是光学仪器的重要生产中心，世界著名的"蔡斯"光学联合企业设在此，以生产测量仪器、医疗器械、照相机、电影放映机闻名于世。

汽车工业。德国是世界汽车工业的主要发祥地。自1886年制造了世界上第一辆汽车以来，汽车制造业蓬勃发展。1996年德国生产汽车500万辆，是仅次于美国、日本的第三大汽车生产国。以小汽车生产为主，其产量占汽车总产量的95％。汽车业从业人数近100万，其营业额在制造业中居首位。德国的汽车以品种多、质量高、工艺精湛在世界市场享有盛名。生产的汽车近3／5供出口，其出口额占本国出口总额的近1／6，是仅次于机械的第二大

出口产品。

汽车工业分布比较集中。斯图加特是德国最大的汽车公司——戴姆勒—奔驰公司总部所在地，以生产高档小汽车为主。沃尔夫斯堡是第二大汽车公司——大众汽车公司总部所在地，以生产中档小汽车为主。奔驰汽车公司1997年的营业额仅次于通用（美）、福特（美）两大汽车公司，居世界第三位，大众汽车公司次于丰田（日本）汽车公司居世界第五位。此外，慕尼黑、科隆和鲁尔区的波鸿等地也有汽车生产。

电子、电气工业。电子、电气工业是德国制造业中最活跃的部门，其产值增长快，产品销路通畅，订货逐年增多。电气工业主要生产电机、变压器、蓄电池、电线电缆、家用电器等。电子工业起步比美、日晚，但发展极其迅速。政府制订了一系列电子工业发展计划，并给予各种优惠和扶植，重点发展微电子技术。微电子广泛应用于电气、机械制造、精密与光学仪器制造、汽车工业等部门，使这些部门的生产率不断提高，新技术产品比重迅速增加。电脑的广泛应用，促进了第二、三产业和办公、生活用品的自动化。德国最大的西门子公司营业额仅次于通用电子（美）、日立（日）、松下（日）公司居世界电气公司第四位。

电子、电气工业遍及全国各大城市。其中，以拜恩州（巴伐利亚州）和巴登符腾堡州最为集中，其产值占全国近1／2。慕尼黑、斯图加特、柏林和纽伦堡及其附近地区为最大中心。慕尼黑是西门子公司总部所在地，近些年，有数百家电子电气公司云集于此，生产集成电路片——"硅片"、计算机、数据处理系统及各种软硬件。慕尼黑已成为欧洲最大的微电子工业中心，有德国"硅谷"的称号。

【德国经济】

德国的农机外销市场十分活跃，农用拖拉机外销市场占60％以上，其中3／4出口到欧盟国家。德国生产的矿山机械广泛应用在世界上几乎所有从事采矿业的国家和地区。

第三节　迅速发展的农业

　　德国是传统的工业国,长期以来,农业发展缓慢,大多数农产品依赖进口。第二次世界大战后,特别是欧洲联盟农业政策实施后,德国农业有了很大发展。1996年德国谷物产量达4210万吨,肉类584万吨(1995年),牛奶2862万吨,均居欧盟第二位,仅次于法国。小麦、食糖、牛肉、黄油已自给有余。

　　农业现代化水平高,结构以畜牧业为主,种植业与畜牧业相结合,是德国农业的主要特点。由于实现了农业现代化,农业劳动率迅速提高,1950年1个农业劳力仅能供养10人,到1994年则可供

养91人。同时,农业就业人数不断减少,1994年的农业就业人数,仅占全国就业人数的2.6%,而生产的粮食自给有余。90年代以来,德国的生态农业发展迅猛。不使用化肥、农药,重视农作物的轮作和间种的生态农业,虽然其粮食产量比常规农业低25%~30%,但生产成本低,投入少,产品的市场价格高,并且随着土地的休养生息,农作物的产量逐年提高。畜牧业占德国农业产值的2/3,以养牛、养猪业为主。种植业中以小麦、大麦等谷物种植为主,技术经济作物中以甜菜种植面积最大。

德国在长期因地制宜、合理地利用土地发展农业中,已形成了各具特色的农业专门化地区。北德平原南部、中德山地的山前黄土地带,土壤肥沃,热量充足,降水适中,是全国集约化程度很高的集中农耕区,以种植小麦、甜菜为主。北德平原的大部分地区,气候温凉湿润,土壤较贫瘠,多种植燕麦、黑麦、马铃薯和多汁牧草,用以发展奶牛业,是以畜牧业为主的农业区。莱茵河及其支流摩泽尔河、美茵河、内卡河河谷地区,日照充足,降水适中,适宜葡萄、水果种植,阳坡上有大面积葡萄园,其单产很高,河谷地区被誉为德国的"葡萄之路"。巴伐利亚高原畜牧业发达,其东南部、多瑙河以南,土壤肥沃,是全国重要的小麦、甜菜产区和牛饲养区。高原上还是啤酒原料蛇蔴草的集中种植区。中部山地以畜牧业和谷物种植为主。

【德国经济】

德国造船业历史悠久,以造大型油轮、集装箱船、散货船等为主。近年来,其造船量已被韩国超过,但造船技术仍居世界领先地位。德国的光学和精密仪器制造享誉全球,现在虽产量被日本等国超过,但在世界上仍地位显赫。

第四节　鲁尔工业区

　　鲁尔工业区是德国，也是世界重要的工业区。位于德国西部、莱茵河下游支流鲁尔河与利珀河之间的地区。通常将鲁尔煤管区规划协会所管辖的地区，作为鲁尔区的地域界限，其面积4593平方千米，占全国面积的1.3％。区内人口和城市密集，人口达750万，占全国人口的9％，核心地区人口密度超过2700人／平方千米；区内5万人口以上的城市24个，其中埃森、多特蒙德和杜伊斯堡人口均超过50万。鲁尔区南部的鲁尔河与埃姆舍河之间的地区，工厂、住宅和稠密的交通网交织在一起，形成连片

的城市带。

鲁尔区的工业是德国发动两次世界大战的物质基础。战后又在西德经济恢复和经济起飞中发挥过重大作用,工业产值曾占全国的40%。现在仍在德国经济中具有举足轻重的地位。鲁尔工业区突出的特点是:以采煤、钢铁、化学、机械制造等重工业为核心,形成部门结构复杂、内部联系密切、高度集中的地区工业综合体。鲁尔区是以采煤工业起家的工业区,随着煤炭的综合利用,发展了炼焦、电力、煤化学等工业,进而促进了钢铁、化学工业的发展,并在大量钢铁、化学产品和充足电力供应的基础上,建立发展了机械制造业,特别是重型机械制造、氮肥工业、建材工业等。现在,鲁尔区生产全国80%的硬煤90%的焦炭,集中了全国钢铁生产能力的2/3,电力、硫酸、合成橡胶、炼油能力、军事工业等均在全国居重要地位。战后在世界一些以采煤工业起家的老工业区严重衰退的时候,鲁尔区仍具有较强的生命力,是与其随着科学技术的进步,不断调整区内的经济结构与部门结构分不开的。例如,20世纪50年代以后,由于石油消费量逐渐增加,鲁尔区在原有化学工业的基础上迅速发展起炼油业和石油化工工业。70年代以后,电气、电子工业和汽车工业有了较大发展。同时,服装、纺织、啤酒工业等轻工业也有了很大发展。在制造业向多样化发展的同时,第三产业也得到长足发展,如在奥伯豪森建立欧洲最大的购物娱乐中心,每月的销售额可达2亿美元。当前,鲁尔区已成为轻、重工业和第三产业均发达的经济区。

鲁尔区有着发展工业的优越条件。首先,鲁尔区的地理位置十分优越。自古就为东西欧往来的"圣路"地带,也是北欧通向中欧、南欧的捷径,地处欧洲的十

【德国经济】

汽车工业在德国工业中占有突出重要的地位,被认为是德国经济的发动机,是德国最大的工业部门之一,就业人数约占其工业就业总人数的1/10,是德国工业中销售额最大的部门。

【德国经济】

2007年,德国汽车产量为621.3万辆,居世界第四位。当年德国出口汽车408万辆,占其产量的65%以上。德国是主要汽车出口国之一。德国的汽车业以产小汽车为主,占产量的90%以上。

字路口。在近代资本主义发展中,又位于欧洲经济最发达的"金三角"内,西距欧盟成员国法、荷、比、卢的工业区很近,北距欧盟成员国丹麦及瑞典南部工业区不远,东北、南面又邻近本国下萨克森的经济重心区汉诺威—沃尔夫斯堡—扎耳茨吉特三角工业区和北莱茵—威斯特法伦州的莱茵河下游以科隆—杜塞尔多夫为中心的工业区,便于工业区间以及与欧洲联盟成员国间的贸易往来。

第二,鲁尔区有着丰富的煤炭资源。煤炭地质储量为2190亿吨,占全国总储量的3/4,其中经济可采储量约220亿吨,占全国90%以上。鲁尔区的煤炭煤质好、煤种全,为优质硬煤田,可炼优质焦炭的肥煤占储量的3/5,煤炭所含的灰分(3%~18%)和硫分(0.5%~1.5%)都低,发热量高,其中肥煤的发热量高达36000千焦/千克。

第三,水陆交通便利。莱茵河纵贯全区南北,从莱茵河口上溯的7000吨级海轮和8000吨的顶推船队,可直抵杜伊斯堡港。从杜伊斯堡到荷兰边界的莱茵河段,年均运输量达1亿吨,并可通过河口的鹿特丹港与世界各地进行贸易往来。区内还有沟通莱茵河、鲁尔河、利珀河和埃姆斯河的4条运河网,总长达425千米(包括通往埃姆斯河下游段),有大小河港74个,河道与港口均已标准化,可通行1350吨的欧洲标准货轮。同时,鲁尔区东部可利用多特蒙德—埃姆斯运河,经埃姆登港与海外联系。所以,虽然鲁尔区地处内陆,但由于它有着方便的水运条件,特别是莱茵河通海航运,使得它与沿海地区同样具有廉价运费条件。铁路运输与河运同样发达。区内铁路密度非常大,营运里程达9850千米,占全国近1/

5，多东西走向，从巴黎通往北欧和东欧的铁路，由本区穿过，哈根是德国最大的货运编组站。公路和高速公路四通八达，是区内及其他工业区联系的纽带，从德国西部通往柏林和荷兰的高速公路均从区内通过。鲁尔区公路汽车行驶的密度为全国平均密度的一倍，达每千米55辆。

> **【德国经济】**
>
> 　　德国是汽车的发祥地，自1886年研制出第一辆汽车至今已有120多年的历史，汽车工业在德国经济中一直长盛不衰。戴姆勒—奔驰、大众和宝马是德国汽车工业的三巨头，其中以戴姆勒—奔驰营业额最高，大众产量最多。

　　第四，鲁尔区既是生产中心，又是消费中心。以鲁尔区为核心，方圆100千米内，是德国最大的消费核心，这里集中了5个50万～100万和24个10万～50万人口的城市。鲁尔区生产的70%以上的煤炭和钢铁在此范围内加工、消费。埃森是鲁尔区最大的工业中心，人口61.7万（1996年）。位于鲁尔区中部，早在19世纪就成为鲁尔地区采煤、钢铁生产中心，后成为德国最大垄断集团——克虏伯军火康采恩的发迹地，现为鲁尔区最大的机械

【德国经济】

　　2005年,德国戴姆勒—奔驰、大众和宝马三大汽车公司的销售量分别为480万辆、519万辆、132.7万辆。1998年,戴姆勒—奔驰与美国的克莱斯勒合并组成戴姆勒—克莱斯勒公司。德国汽车主要生产中心有斯图加特、沃尔夫斯堡、慕尼黑、爱森纳赫等。

制造和电气工业中心,轻重工业都发达。杜伊斯堡人口53.6万,位于莱茵河与鲁尔河交汇处,是世界最大的内河港,也是鲁尔区对外联系的门户,莱茵河两岸,钢铁厂林立,在南北长17千米,东西宽7千米的沿河狭长地带,集中了13个钢铁厂,拥有3000万吨钢铁生产能力,所以杜伊斯堡有"钢铁城市"的称号,此外,重型机械、炼油、石化、有色金属冶炼、造船等工业也很发达。多特蒙德位于鲁尔区东部,多特蒙德—埃姆斯运河的迄点,人口60.1万,是鲁尔区发展历史悠久的采煤、钢铁工业中心,随着鲁尔区钢铁工业的西移,这里发展成多种工业中心,以啤酒酿造、重型机械、化学和电子工业最为重要。

　　20世纪70年代以来,随着煤炭、钢铁等传统工业的衰退,鲁尔区与世界其他老工业区一样面临着结构性危机,使鲁尔区在德国

经济中心的地位下降,现在其工业产值仅占全国不足1/6。为此鲁尔区开展了区域整治。首先,发展新兴工业和轻工业,促进区内经济结构多样化;第二,调整区内生产布局,开发原来相对落后的莱茵河左岸和鲁尔区北部,与此同时拓展南北向交通网,以利新区开发;第三,大力发展文教科研,推进原有企业的技术改造,同时整治环境,消除污染。

第五节　南北、东西经济差异和主要城市

德国各地区工农业都较发达，地区间经济发展水平相差不大。近年来，在新技术革命浪潮中，出现了明显的南北地区分异，南部地区发展迅速，北部地区处于劣势。德国统一后，原东德地区与原西德地区也存在着较明显的地区差异。

北部地区一般指原西德北部的北莱茵—威斯特法伦州、下萨克森州、石勒苏益格—荷尔斯泰因州和汉堡、不来梅两个城市州。北部地区是德国工业革命起源地，煤炭、钢铁、造船等传统工业在经济中占有较高比重。随着传统工业的衰退，失业人数增加，出现了结构萧条；同时，由于北部地区的企业界普遍存在着回避风险和革新的保守思想，又往往满足于钢铁、化学、机床等产品可以向俄罗斯和东欧国家出口，所以，在新技术革命中起步晚，使其在全国经济中的地位下降；经济增长缓慢，1983年至1990年8年中国民生产总值年均增长率为1.4%～2.5%。

鲁尔区所在的北莱茵—威

> **【德国经济】**
>
> 化学工业是德国最重要的工业部门之一，被认为是德国经济的稳定剂。德国是仅次于美、日的全球第三大化工产品生产国，化工业产值占国内生产总值的5.3%，销售额占工业销售总额的9.4%，就业人数占工业就业人数的7.3%，出口额占出口总额的13%。化工产品出口率平均为68.5%，产品主要销往欧盟（占1／2以上）、亚洲、北美和东欧等地。德国化工产品占欧盟市场的25%，全球市场的6.7%。

斯特法伦州和汉堡州为北部地区的核心,长期在德国的经济中占有重要地位。

北莱茵—威斯特法伦州,是德国人口密集、经济发达的地区,其出口额占全国出口额的1／5以上。煤炭资源丰富,鲁尔煤田与莱茵褐煤田都在区内。区内有德国第四大城市科隆,人口96.4万,位于莱茵河左岸,是德国重要交通枢纽与工业城市,7000吨的海轮可沿莱茵河上溯至科隆港,并驻有德国航空公司总部和建有日过境近千列的大火车站;西通法国,东达柏林,南往法兰克福和南部地区的高速公路在此交会。科隆西距莱茵煤田很近,电力、化学工业在全国占有重要地位。此外,汽车、机械制造、电子电气等多种工业部门都很发达。科隆还是德国保险业的集中地。北莱茵—威斯特法伦州的首府——杜塞尔多夫,是重要的经济中心,人口57.3万,位于莱茵河右岸、科隆与杜伊斯堡之间,与鲁尔区经济联系密切,是德国许多大公司总部所在地,也是银

行业与批发业的中心,机械制造、机车制造、化学、电器等多种工业部门均较发达。原西德首都——波恩,也在北莱茵—威斯特法伦州内,位于州的南部、莱茵河畔,人口29.3万,是德国西部的文化及交通中心,有2000多年的历史,城内多中世纪的教堂、宫殿和博物馆等,为一具有田园风光的城市,森林、公园和绿地占城市面积的3/4,城市居民除政府工作人员外,绝大多数从事服务业和商业。德国迁都柏林后,这里仍为行政管理和科学文化中心。工业化程度不高,有生产实验室设备、玻璃、陶瓷等工厂。

汉堡是德国最大的海港和第二大城市,人口170.6万。位于易北河下游,距易北河口120千米。为德国海外贸易的门户,年吞吐量为6000万吨,有造船、炼油、石油化工、印刷、炼铜、电子、食品等多种工业,现在已发展成欧洲北部的一个服务大都市,有发达的银行业、保险业和众多的新闻、广播、电视、制片厂、广告代理处等媒体部门。

南部地区包括南部的黑森州、萨尔州、莱茵兰—普法尔茨州、巴登—符腾堡州和拜恩(巴伐利亚)州。由于地处内陆,对外联系不便,资源缺乏,传统工业不发达,长期是德国经济较落后的地区。

70年代以来,南部地区充分利用拥有的雄厚智力资源,在新技术革命浪潮中,加强人才培养,大力促进技术和科学在经济、教育以及社会等方面的应用,重视吸收外来投资,扬长避短,积极发展消耗原料少、技术水平高的新兴工业部门,使其在全国的经济地位不断提高。1983年至1990年的8年中各州国民生产总值年均增长率在3%以上,超过北部地区。特别是巴登—符腾堡州和拜恩州发展尤其迅速。这两个州过

【德国经济】

在德国化工产品结构中,基本化工、有机化工和化肥并重。在有机化工中,塑料、合成纤维与合成橡胶是三大重要部门,产量名列世界前茅。

去一直是全国经济最落后的地区,现在,经济与税收增长率都超过全国平均水平,而失业率大大低于全国平均数。电子、精密仪器制造工业的从业人数和电气工业的产值均超过了北莱茵—威斯特法伦州。来自地中海沿岸的3条输油管的修建,使这两个州的炼油能力已占全国1/3以上,超过了北莱茵—威斯特法伦州,成为德国新兴的经济重心区。

拜恩州是目前德国经济发展最快的州。全国第三大城市慕尼黑(人口125万),是全国著名的大学城,德国国家科学院的大部分研究所也都分布在慕尼黑及其附近地区,技术力量雄厚。现在慕尼黑地区已成为德国最大的微电子工业中心和西欧重要的电子工业基地,一些新型的航空航天产品,如西欧国家联合研制的"旋风"战斗机、"阿丽亚娜"火箭的发动机都在这里制造。此外,还有汽车、机车车辆制造、光学仪器、啤酒等多种工业部门。

【德国经济】

鲁尔区是德国和西欧重要的化工基地。休斯化工联合企业是鲁尔区最大的化工中心。原东德莱纳化学联合企业是利用当地的钾盐和褐煤发展起来的,已成为世界最大的化工企业之一。在世界最大的五大化工企业中,德国占3家,即赫希斯特、巴斯夫和拜耳。

巴登—符腾堡州是德国人均收入最高、失业率最低的州。该州以研究经费高而位于世界前茅。州内以技术先进的汽车、电工器材、医疗器械、钟表生产为主。此外,珠宝、皮革、乐器等的生产也在全国占重要地位。全国最大的汽车公司戴姆勒—奔驰公司的主要小汽车、中重型卡车的制造均在此。州内98%的企业为中小企业,它们技术先进、生产灵活、产品更新快,能适应不断变换的市场需求,生产率和利润率均高,而且布局分散,利于吸收各种劳动力,所以州内经济异常活跃。巴登—符腾堡州的工业,1/2以上集中在中部的内卡河谷地。斯图加特是最大的工业中心,人口58.9万,有汽车、电机、精密机械、电子、纺织、制鞋等多种工业部门。其西部的辛得芬根是奔驰汽车公司总部和汽车总装厂所在地。附近微电子和信息工业密集。

东部地区指原东德地区,包括梅克伦堡—前波美拉尼亚州、勃兰登堡州、萨克森—安哈尔特州、萨克森州、图林根州和首都柏林所在的柏林州。东部地区工业发达,工业在经济中居主导地位。有机械、采煤、钢铁、化学、纺织等多种工业部门,形成以柏林、德累斯顿、莱比锡、马格德堡为中心的工业区。

首都柏林是全国第一大城市,人口347.2万(1996年)。工业发达,为多部门综合工业中心,以生产优质产品著称。电子、电机、精密仪器仪表、印刷等工业最发达。地处欧洲中心位置,扼东、西欧交通要冲,有运河通易北河、奥得河,可与波罗的海、北海相通,是德国最重要的交通枢纽和最大的大学城。莱比锡人口48.1万,附近有丰富的褐煤资源,素以发达的印刷业著称于世,印刷机械、农业机械、纺织机械、精密仪器和化学工业等发达。从12世纪起,即有每年春、秋两季在此举行国际博览会的传统。现在正在发展成为德国东部重要的金融中心。德累斯顿跨易北河两岸,人口47.4万,为历史文化名城,机械制造业发达。以生产光学机械(照相机、摄影机、放映机等)和精密机械、仪器著称。

东部地区与西部地区经济差距明显。东部地区的国内生产总值只占全国的1/10。劳动生产率为西部的54%,职工收入为西部的82%,进出口贸易额是西部的1/10,科技水平落后10~15年。其交通、通讯设施落后于西部,工厂设备陈旧,能源和原料消耗高,环境污染较严重。近年来已完成企业的私有化,并获得经济的持续增长。但是,东部地区仍为德国经济最落后的地区,其经济调整及技术改造任务艰巨。

第六节　生产力布局特点

虽然德国地区间经济差距显著，但和大多数发达国家相比较，德国的生产力布局较为均衡，呈大分散、小集中的特点。

这主要表现在：(1) 德国没有伦敦、巴黎式的特大的集中工业城市，而多中、小城市。在全国超过10万人的70个城市中，百万人口以上的特大城市仅柏林、汉堡、慕尼黑3个，50万～100万人口的城市仅9个（即科隆、埃森、法兰克福、多特蒙德、杜塞尔多夫、斯图加特、莱比锡、杜伊斯堡、不来梅），其余

【德国经济】

电子电器工业是德国发展最快的工业部门，是德国工业的四大支柱之一，产品生产水平高、技术先进、出口多、国际市场竞争力强。

的均为人口10万～50万的城市。全国2/3的人口居住在人口低于
10万的小城市中。(2)全国人口分布比较均匀,除柏林、汉堡、不来
梅3个城市州人口密度较高外(分别为3959人/平方千米、2252
人/平方千米和1683人/平方千米),其余13个州,人口密度最大
的北莱茵—威斯特法伦州,人口密度为522人/平方千米,最小的
梅克伦堡—前波美拉尼亚州,人口密度为75.5人/平方千米,二
者仅相差近7倍,而法国人口密度最大的省与最小的省,人口密度
可相差500多倍。(3)德国各州人口在全国的比重,与各州从业人
口在全国的比重大体相当,二者相差在1.5%以内。如斯图加特所
在的巴登—符腾堡州人口占西部人口的14.86%,而从业人口占
西部从业人口的16.15%,仅高出1.29%。(4)德国重要的工业区鲁
尔区,在全国经济中的地位逐步下降,而原来较落后的南部地区,
在全国的经济地位逐步提高。

形成此种布局特点的原因是多方面的。首先,德国的自然条
件较为均一,没有高寒、酷热、干燥的恶劣条件区,均适宜人类的
生产活动。第二,自古以来德国就是欧洲东西、南北的交通十字路
口,人们往来频繁,交通和商业也较发达,特别是莱茵河、多瑙河、
易北河等稠密的河网两岸人口较多,联系方便,生产发达。第三,
在长期的历史发展中,德国处于封建割据局面,各个邦国各自为
政,多形成了各自的经济中心。如原西德各州在预算上是自主的、
相互独立的,各州有自己发展经济的规
划和措施。第四,各地区充分利用自己的
有利条件,发展各具特色的工业。如下萨
克森州东部有铁矿、钾盐、石油等资源和
方便的交通条件,在萨尔茨吉特建立了
钢铁工业,其附近的沃尔夫斯堡建立了
汽车工业,在汉诺威(下萨克森州首府)

【德国经济】

2000年,德国仅电子仪器营业额
就达3180亿马克,其中出口占65%。
德国信息产业发展更为突出,拥有世
界上最发达的信息高速公路,是世界
上最早在电话程控交换机中使用数
字技术的国家之一。

建立了汽车、炼油、橡胶、机械制造、电子等工业,在不伦瑞克发展了电子、光学仪器等工业,形成了德国北部的汉诺威—沃尔夫斯堡—萨尔茨吉特三角工业区。第五,德国政府注意分散设置第三产业和政府机构,如原西德首都波恩是政治中心和各国大使馆所在地,3/4是森林、绿地,保留着古老的田园风光,工业部门很少。科隆为全国金融中心之一,保险业的集中地;杜塞尔多夫为全国垄断资本管理机构和批发商集中的中心之一;法兰克福为银行及航空中心,大银行总部所在地,也是欧盟欧洲银行总部所在地;汉堡为全国重要的出版、文化、教育中心,同时也是金融、保险业的中心。第六,德国有大批具有活力的中、小企业,其生产灵活,利于吸收各种劳力,而且也宜分散分布。第七,发达和现代化的交通运输业为德国较均衡的生产布局提供了可能性。

第七节　财富名人榜——卡尔·本茨

　　1844年,本茨以遗腹子的身份出生于德国,父亲原是一位火车司机,但在他出世前的1843年因发生事故去世了。

　　1860年,本茨进入卡尔斯鲁厄综合科技学校学习。在这所学校,他较为系统地学习了机械构造、机械原理、发动机制造、机械制造经济核算等课程,为他日后的发展打下了良好基础。

　　1872年,在经历过学徒工、服兵役、娶妻生子等人生经历后,本茨组建了"奔驰铁器铸造公司和机械工厂",专门生产建筑材料。由于当时建筑业不景气,本茨工厂经营困难,面临倒闭危险,为了摆脱困境,他决定以制造发动机获取高额利润。

　　1879年12月31日,他制造出第一台单缸煤气发动机(转速为200转/分,功率约为0.7千瓦)。不过,这台发动机并没有使本茨摆脱经济困境,他依然面临着破产的危险,生活十分艰苦。但是,清贫的生活并没有改变本茨投身发动机研究的决心,经过多年努力,他终于研制成单缸汽油发动机,并将其安装在自己设计的三轮车架上。取得了世界上第一个"汽车制造专利权"。

　　1893年,本茨研制成功了性能先进的"维克托得亚"牌汽车。它采用本茨专利的3升发动机,方向盘安装在汽车中部。该车性能先进,但价格高达3875马克,因而很少有人买得起,成为滞销品。

　　1894年,本茨听从了商人的建议,开发生产便宜的"自行车"。

这种"自行车"销路很好，在一年时间内就销出了125辆。由于是世界上第一种批量生产的机动车，因而给本茨带来了较高的利润。后来，本茨又对前期生产的"维克托得亚"牌汽车进行改进，将车厢座位设计成面对面的18个，它因此成为了世界上第一辆公共汽车。

1926年，奔驰公司与戴姆勒公司合并，建立"戴姆勒-奔驰汽车公司"，总部设在斯图加特。

1929年春，卡尔·本茨去世，享年85岁。许多人开着汽车来到他的家门前，吊唁这位汽车工业的伟人。

名人逸事

　　1886年，本茨向市民们展示装有钢管焊接车架、辐条式车轮和水平大飞轮的三轮汽车，但是由于经常熄火抛锚，遭到众人嘲笑。为了不在大庭广众场合出洋相，本茨不愿驾驶它上街。妻子贝尔塔对孩子们说："如果你们的爸爸没有勇气把汽车开上街，那么我们来开。"1888年8月的一天早上8点多钟，本茨还在梦乡中，贝尔塔和两个孩子把车偷偷开到144公里外孩子的外祖母家，虽然路上几经曲折，可车辆仍然完好。贝尔塔给本茨发了电报。本茨非常激动，便申请参加慕尼黑博览会，并很快办妥参展手续。他还出版小册子宣传他的汽车，书中虽未详细说明车的结构，但附有一张宣传版画。

第三章　金融热战中的德国

"货币是最坏的违禁品。"这句话是美国副国务卿威廉·詹宁斯·布赖恩的肺腑之言，很多人不知道他为什么这样说。他深深地知道美联储建立的含义和大量向欧洲协约国提供美联储券贷款的性质——银行家族用数字捆绑和掠夺欧美国家财富和私有财产，让战争演变成消灭各国理智声音的工具，这和后来银行家在"大局已定"之后，又转而高喊"世界和平"是一回事，并不矛盾。

财富小百科

随着家庭投资领域的不断拓展，对家庭财富的管理也成了一门学问。许多家庭的经验表明，设立财富档案好处多，它能够帮助你有效地减少投资风险，选择更好的投资机会。

家庭财富档案没有固定模式，可繁可简，可大可小，完全视个人的投资规模和兴趣而定。

你可以列出月度收支表，这是家庭理财的首要一环。在收支表内，"收入"栏记载每月各种形式的货币收入和实物收入；"支出"栏则反映该月的正常开支和预算外开支的情况。收入减去支出，即可发现该月的节余水平或赤字状况。

第一节　银行家的金融热战路线图

（一）"货币是最坏的违禁品"

这句话是美国副国务卿威廉·詹宁斯·布赖恩的肺腑之言，很多人不知道他为什么这样说。他深深地知道美联储建立的含义和大量向欧洲协约国提供美联储券贷款的性质——银行家族用数字捆绑和掠夺欧美国家财富和私有财产，让战争演变成消灭各国理智声音的工具，这和后来银行家在"大局已定"之后，又转而高喊"世界和平"是一回事，并不矛盾。

> **【德国经济】**
>
> 　　1999年年初，德国完成了电信网的数字化，综合业务数字网接入普及率已高达23％，居世界之冠。2004年，电子信息产品产值567.3亿美元，居欧洲第一，世界第四。销售额725.6亿美元，次于美、日，居世界第三。当年电子产品贸易额达1773.4亿美元，占欧洲的近1／4。德国的通信设备、计算机、家电等产品在世界上均占重要地位。

（二）"普法战争"在银行家财富之争路线图上的价值和历史地位

"普法战争"（1870.7.19—1871.5.10）在世界财富之争中的地位非常重要，这不仅仅是由此在1871年建立了"德意志第一帝国"，而且对从古代欧洲慢慢发展起来的跨国垄断金融资本来说，也有着分水岭的重大含义。

【德国经济】

西门子公司世界闻名，是德国最大的电子集团，总部位于慕尼黑，这里是欧洲最大的微电子生产基地，有德国"硅谷"之称。

1. 虚拟经济的目的是控制实体经济，"普法战争"的财富之争价值就在于欧洲实体经济的中心，从此转向了德国。控制实体经济是发动财富之争的始点和终点。

2. 这场由罗思柴尔德在普鲁士和法国的银行代理人共同导演的金融热战，缔造了一个现代"德国"，也就是所谓的"德意志第二帝国"。它不是"德意志第一帝国"（以奥地利为中心的"神圣罗马帝国"）的延续，而是古代武装银行"条顿骑士团"的延续，而"条顿骑士团"则是古典共济会武装银行"圣殿骑士团"的分支……这种意义非同凡响，令人深思。

1866年，普鲁士甚至与包括奥地利、汉诺威、萨克森等众多德意志邦国发生了战争，后者才是真正的"古代德国"，普鲁士不得不称之为"德意志第一帝国"，而自称"德意志第二帝国"。普鲁士王国改说德语也不过是几百年前的事，这不是一场喜剧吗？

3. 罗思柴尔德银行家族左手扶植了"拿破仑三世",右手扶植了俾斯麦,然后让他们两个打了一场"战争",甚至在战场上密会,并且让法兰西第三共和国联合普鲁士打垮了法国自己的军队。50亿法郎的"战争赔款"不仅掏空了法国的财富,而且埋下了法国和德国冲突,也就是第一次世界大战的种子,为私有货币在欧洲的"发扬光大"铺垫好了下一次更大规模金融热战的伏笔。

4. 普法战争缔造了"德意志第二帝国",也在几年后的1876年缔造了"德意志帝国银行",一个罗思柴尔德家族拥有的"独立央行",他们又先后拥有了原"德意志第一帝国",奥地利王国的"独立央行",此时罗思柴尔德家族也成了法兰西银行的主导股东……当1913年罗思柴尔德家族通过其一手建立的摩根财团控制了美国的货币发行权,那么剩下的问题就是如何整合这些"独立央行"了。最简单和彻底的方式就是打一场世界规模的金融热战,而普法战争就是这一系列人间悲剧的开始。

(三)第一次世界大战没有价值吗?

"(美国)士兵是愚蠢的动物。"

——美国犹太裔国务卿、现代共济会成员、外交协会会员基辛格

"平等、博爱、人权"的旗帜是法国大革命的口号,也是美

【德国经济】

德国农业发达,现代化水平高。但农业在德国国内生产总值中仅占1%,农业从业人数只占全国人口的2.2%。

第奇银行推动"文艺复兴"时提出的宣传口号。可文艺复兴的标志徽章却是"束棒",也就是"法西斯",在西方没有几个学者敢于提及这类问题。有趣的是,把法西斯和银行家相联系不是一种"来自他人的批判",而是银行家自己从文艺复兴时期开始的一种理想宣传和对世界的公开规划。

第一次世界大战并没有完成银行家建立世界政府、世界央行、世界货币的任务,却让欧美跨国垄断金融资本完成了走向世界统一货币体系所需要的资本凝结,并同时埋下了下一场世界范围的金融热战的种子。

1."世界货币"——得到了推广,却没有正式建立

普法战争标志着罗思柴尔德家族为代表的欧洲跨国垄断金融资本的重心转移从法国到了德国,"第一次世界大战"标志着这个重心从德国转移到了美国。但是建立一个私有的世界货币体制,并为人们广泛接受,谈何容易?第一次世界大战虽然"力度很大",但没有完成这个任务,必须有一次新的、更大规模的金融热战。

2."世界央行"——达成了,但"实践和计划有所不同"

普法战争让罗思柴尔德家族凭空得到了50亿金法郎的"战争赔款"（法国支付），他们通过"德意志帝国央行"开出账面马克票据，金币进了家族的金窖。第一次世界大战后的《凡尔赛条约》规定德国要赔偿2260亿金马克。当时全世界也没有这么多黄金实物，德国只能不断地向"国际债权人"集团借入"等同于黄金的金本位账面数字"。银行家这个目的是要把德国经济永远和债务捆绑在一起，并成为永远的利息奴隶（这就是债务金融主义的雏形）。

核心问题是，这些战争赔款当然不会归各国政府，而是要进入罗思柴尔德家族的腰包（各国政府得到的是数字，金币或债权却归了罗思柴尔德家族）。

2260亿金马克德国赔不起，整个过程却由银行家来"跨国协调"。1924年银行家抛出了一个"道威斯计划"，让德国每年赔付10亿金马克（都是纸币，哪有这么多金币？），这要德国赔付许多年（好像还"减轻了负担"）！但"道威斯计划"不过是要建立一个新的德国"独立央行"，并让德国人民真正被榨干骨髓，而不是"干脆赖账"。可这笔钱依然太多，德国各阶层纷纷破产，无力支付（银行家搜刮的计划，执行并不顺利）。

罗思柴尔德家族于是开始了一个策略转变——从追求金币到追求债权。也就是说不再奢求得到超出当时金币总量的金币，而追求对欧美各国实施债务控制，也就是"国际债权人"主导的"世界债务货币体制"。这就需要建立一个世界央行，而把所有搜刮到的黄金、白银都弄到这个"世界央行"来"管理"，给各国开出"超主权的金本位的账面转账数字"。这不仅可以让跨国垄断金融资本一举完成世界范围的资本凝结，还可以让各国人民误以为这个"超主权

【德国经济】

近年来，德国农业结构发生了深刻变化，主要表现为农业企业数量减少，规模扩大。

的世界货币"是"可靠的金本位",并且是由"各国政府联合发行",而且这个"世界央行"也会被误以为是一个"各国政府联合组建的跨国金融机构",事实却是罗思柴尔德家族为代表的几个垄断银行家族的私有财产和私有皮包公司,一个什么都没有的跨国信用卡特尔。

1928年,美国银行家扬格(O. D. Young)就开始四处活动,于1929年通过了《扬格计划》,让各国同意组建一个"国际清算银行"替代"赔款委员会"。1930年1月20日,由罗思柴尔德家族的银行代理人摩根财团和其他一些纽约美联储股东出面,在海牙与英国、法国、意大利、德国、比利时、日本的"独立央行"闭门磋商。这个会议很滑稽,因为除了日本情况比较特殊之外,大多数"独立央行"都是几个跨国银行家族的私产,却得出了一个"跨国政府决议",建立一个私有的世界央行——国际清算银行(瑞士政府发给经营执照,并给予银行家股东们免税、"外交豁免权"等许多特权,前面说过,这里就不重复了)。

国际清算银行的确控制了各国的财富,不论是战胜国,还是战败国。但是这和银行家预想的可以发行"世界货币"的"世界央行",还明显不是一码事,故此这个皮包银行从此成了跨国垄断银行家集团对各国"独立央行"发号施令和实施人事渗透的跨国私有金融情报组织,实际上的金融支配,却依靠美联储才得以实现。

所以,国际清算银行仅仅是"小半个世界央行",与美联储合在一起可称为"半个世界央行"。

3. "世界政府"——第一次尝试成功了

跨国银行家建立了现代共济会组织的分支,美国外交协会成员,也是建立

【德国经济】

2005年年底,德国国内共有39.6万家农场,企业平均规模明显扩大,尤其是东部地区的农场规模约相当西部地区的7倍;农业从业人数减少,现全国农业从业人数仅85.3万。

美联储的美国总统伍德罗·威尔逊是"第一世界政府"的奠基人。他在第一次世界大战之后,提出了"威尔逊十四点条"(有时也被称作"威尔逊的十四点建议")。最重要的一条就是建立"国际联盟"(1920年至1945年),这实际上是一个银行家操纵下的"世界政府"(所谓的《凡尔赛和约》的第一部分就是《国际联盟盟约》,包括国际法庭等"世界政府"机构,后来却由一个罗思柴尔德家族的银行代理人——摩根财团建立的跨国私有金融机构"国际清算银行"来"运作")。

《凡尔赛和约》

第一次世界大战后,有了一个《凡尔赛和约》。人们总以为这个和约是各国政府(包括战胜国和战败国)联合协商和妥协的结果,事实却完全不是这样!《凡尔赛和约》是3个共济会(即第一次世界大战后的"三巨头密会"),这又是怎么回事呢?

《凡尔赛和约》的命名,源于谈判是在1919年1月18日凡尔赛宫进行(1870年德国取得普法战争胜利并统一德国后,"德意志第二帝国"的"德皇"在此举行加冕仪式)。当时邀请了来自38个国家的70名代表(包括了旧中国的外交代表)。

(1)第一批被踢出去的国家

【德国经济】

德国农业生产具有发展快、技术水平和集约化程度高、内部结构合理等特点。农产品自给率已达70%。德国每年有大量农产品出口，也有大量农产品进口。在农产品贸易中，德国为逆差。农产品贸易的80%是与欧盟国家进行的。

德国、奥地利、匈牙利、俄罗斯均不在邀请之列，这就成了一个"单边力量"控制下的"协商"。

（2）第二批被剔出去的国家

由于美国、英国、法国、意大利、日本等国实行"闭门磋商"，导致各国政府代表并未参加会议，而是"领通知"来了。

（3）第三批被赶出去的国家

日本和意大利对于当时的国际政治表现得非常幼稚和不知斤两。妄图在殖民地分配上分享美英传统利益，受到打压，"自动"退出会议（"以示抗议"）。

（4）实际参与制定《凡尔赛和约》的"共济会三巨头"

美国总统伍德罗·威尔逊（任期1913—1921，生卒1856—1924），现代共济会成员。

英国首相大卫·劳合·乔治（任期1916—1922，生卒1863—1945），现代共济会成员。

法国总理乔治·克列孟梭（任期1906—1909、1917—1920；生卒1841—1929），现代共济会成员。

"世界政府"就是在这样一种银行家主导的跨国组织的主导下，被廉价地炮制出来了。"国际联盟"和后来的"联合国"明显不同。在第一次世界大战以后，跨国垄断银行家族的力量尚不足以公开建立一个"世界政府"，而只是一个由胜利的参战国组成的跨国条约组织，并且美国政界非常清楚这是怎么回事，抵触极大，一直没有批准美国加入"国联"（美国总统建立的"国际组织"，却先由"赔偿委员会"后由"国际清算银行"管理）。

这个"世界政府"的尝试,反映了跨国垄断金融资本的力量与不足。

(四)第二次世界大战的意义——"完美的金融热战"

评价一场财富之争的得失,关键在于"背景准备"、"战役进程"、"胜败结果"、"损耗比率"四个因素。越是规模宏大的金融热战,越容易失去控制,陷入不可知的被动局面,甚至让整个财富之争走向银行家预期的反面。第二次世界大战是人类历史上第一场世界范围的、被人们公认由金融问题引起的高强度战争。单就这一点来说,就前无古人、后无来者了。

1.背景制造的成功

(1)银行家族战略重心的转移

普法战争是罗思柴尔德家族从法国到德国的战略转移,而第一次世界大战后的恶性贬值,则是其从德国到美国的战略转移。这个把戏很有意思,就是给德国制定了一个很高的"战争赔款额度",然后不断地从美国向德国进行"贷款",这个贷款是"金本位的美联储券",而德国又向战胜国不断赔付金马克。所有这些看似一本正经的国际结算,都是在几个银行家控制的私有金融卡特尔——各国的"独立央行"之间进行的数字游戏,什么也没有转移。

这种金融战策略的目的,就是制造"国际债权人"对德国的巨额债权,也由于美联储券的发行,而制造了对美国的巨额债权,这些"私有银行券的流通"又制造了整个欧洲货币的"债务化"储备的"债务化"交易的"债务化",也就是"接受债务、交易债务、储备债务",这就是债务金融主义。各国政府什么也没有得到,各国人

【德国经济】

在农业生产中,以畜牧业为主,种植业与畜牧业相结合。北部种植业较发达,南部则畜牧业较发达。

【德国经济】

　　畜牧业产值约占德国农业产值的74%。畜牧业现代化程度高，以养牛业和养猪业为主。

民从此成了银行家的债务奴隶而不自知。金马克不是黄金，美金也不过是数字，一切都是银行家笔下的虚拟账面游戏，却让罗思柴尔德家族的产业重心从德国转移到了美国。

　　（2）仇恨的制造与控制

　　制造仇恨和消除仇恨都是财富之争的策略，难点在于控制仇恨的"强度"和"时间"。第一次世界大战后期的《凡尔赛和约》制定了的"战争赔款"数字。当这种赔款的数字传到法国元帅费迪南·福煦（1851—1929）耳中的时候，他说了一句当时人们并不理解的话："《凡尔赛和约》不过是一纸20年的休战协议。"他不仅非常清楚银行家为什么要这样做，而且知道这样做的后果。

　　费迪南·福煦不是天才，却准确地预见了历史进程。

　　这笔"战争赔款"虽然最后都进了银行家的腰包，可德国老百姓不知道，他们所产生的仇恨是一种和经济损失成正比的"可以量化的仇恨"。可以通过搜刮和通货膨胀的数字模型进行精确控制，这就是为什么要制定一个无法达成的"赔款协议"。

　　这个协议由德国、美国、法国的"独立央行"来"具体运作"，他们都不过是跨国银行家族的家族企业分部，通过对流动性的控制（包括搜刮和对希特勒的金融资助），银行家在德国制造了"精确的仇恨"和"惊人的复苏"，这笔看似诱人的"战争赔款"，并没有让法国得到任何实惠（法兰西银行的股东罗思柴尔德家族除外，可他们不等于法国人民）。

　　2. 战役的爆发和进行协调

　　（1）1914年6月28日，欧洲秘密组织"黑手社"杀手加费格里·普林西波（19岁）对奥地利皇储弗兰茨·斐迪南大公夫妇的成功暗杀，是第二次世界大战的导火索。政治暗杀对于引爆战争的时间控制是最精确的,这个神秘的"黑手社"(有时也被翻译成"黑手会")不论是什么人在控制,都成功地、精确地吹响了第二次世界大战的号角。

银行家的金融战谋划似乎总有老天保佑,恰到好处地冒出一个"黑手会",这支"黑手"来自何方无法考证,但受益的却是银行家。

(2)第二次世界大战中希特勒德国和苏联是欧洲战争的主要对垒双方。罗思柴尔德家族通过摩根财团控制的美联储向苏联不断输血,同时通过银行代理人沃伯格家族,不断对希特勒提供战争资金。这些工厂在德国的土地上,却没有受到任何的空袭,一直保留完好。而那些不是华尔街银行家控制的德国工厂则基本上被空袭摧毁了。

华尔街的银行家集团通过对苏联和德国"金融力量增减",让两个国家逐渐打成了平手,然后逐渐让苏联占据了上风。这不仅是社会主义制度优越性的体现,也有华尔街逐渐削减对德国支持力度的"功劳",他们的目的是制造一个相对弱小,却能制约美国政治体制的"对手",也就顺手埋下了"冷战"的种子。

3. 财富之争的甜美果实

为了限制连任了四届总统的富兰克林·D·罗斯福等银行代理人的尾大不掉,罗斯福在1945年4月12日突然"病故"了。这个历史事件的结果就是:第二次世界大战并没有让美国前台政客集团得到多大的威望和实惠,而是让美联储在世界范围内建立了美元体制。罗思柴尔德家族在美国的银行代理人摩根财团为代表的纽约美联储股东世袭家族从此广义上拥有了世界的一切财富。

【德国经济】

2004年,德国牛的存栏数为1338.6万头,居西欧第二位;猪2649.5万头,居西欧第一位。养牛业遍及全国,以巴伐利亚州和下萨克森州为多。

对于他们来说，只是死了许多人和一个总统。

4．财富之争的损耗比

（1）付出＝收获

这是财富之争学中特有的现象，银行家用银行券注入各国战争机器的同时，也广义收获了各国的财富，不但没有付出任何东西，反而扩大了虚拟经济的控制范围和力度。

（2）用"小收获"得到"大收获"

银行家在这场史无前例的财富之争中，一直是收获，而从来就没有付出。这是财富之争学中特有的战役数学模型，是财富之争学不同于传统战争的重要特征。银行家用收获替代战役支出，通过虚拟经济把支出转换为收获，即用"数字支出"换取了"私有货币领地范围的扩大"，从而得到了一个"零支出"＋"广义收获"的"战役付出模式"。

人们可以理解从一个婴儿手里抢夺棒棒糖是可耻的收获，而第二次世界大战催生的"布雷顿森林体系"，用"国际法"的形式规定了几个银行家用数字可以广义拥有整个世界的财富，这种更加可耻的行为却没有几个人能够理解。抛开道德不谈，这种伟大的"成功"，无疑令人赏心悦目。全世界人民对美联储股东家族交出了一切财富，却"欢欣鼓舞"。所以，世界财富之争简史不仅是一部肮脏的欺诈史，也是一部幽默而又真实的历史喜剧。在这部喜剧中，被剥夺者与剥夺者都哈哈大笑，两者握手言欢。不过，被剥夺者并没有注意到，他不过是资本怪物脚下的傀儡，而不是相反——一句话：剥夺者必被剥夺，他们没有资格嘲笑被剥夺者的愚蠢，因为他们更加愚不可及。

【德国经济】

德国中部地区重点发展养猪业，以下萨克森州和北莱茵—威斯特法伦州为最多，其饲料多为进口。南部阿尔卑斯山前地区是德国另一个重要的乳肉畜牧业基地。

（五）永远的财富之争

所谓的战争，不过是物质世界的一种不稳定的异常状态，而物质世界的本质是趋向稳定。制造"不稳定"和"扭曲"的目的不是蓄意的破坏，虽然结果常常如此，而要达到一种绝对少数对绝对多数的主导。这种物质运动的形态，表现在人类社会中，就是战争。

　　财富之争是一种常在的控制体系，一种持续的财富转移模式，故此是金融主义时代的一种常态。从广义来说：人类社会一旦进入了金融主义阶段，财富之争就从广义永恒的存在，直到金融主义的消亡（希望人类文明不会被金融寡头的私欲同时毁灭）。

　　第一次世界大战、第二次世界大战、冷战……人们不断地欢呼："大战结束了！"在某个层面来说，这是一种"真实"。但财富之争却从1913年人类社会进入金融主义阶段之后，就再也没有停止过。

　　人类社会被银行家带入了一场新的、永远也不会停滞的"悖论战争"，在财富之争学中也称"反逻辑战争"，也就是一场骗局战争、无目标战争、无法终结的战争。

　　所谓的战争，必须有一个明确的战争对手，这样才能有战略和战术目标，不论失败和胜利，都会有一个完整的开始、发展、结束的战争过程。但是财富之争中的"悖论战争"却不是这样，它服务于跨国垄断金融资本，扭曲物理世界（实体经济），用虚拟经济控制一切的需要，可以永远地进行下去！这里举两个"悖论战争"的模式：

　　1. 反贫穷战争

　　美国约翰逊总统（1963年至1968年在位）是这种战争模式的始作俑者，他发明了一个"反贫穷战争"的概念，并在1964年通过了《经济机会法案》，史称

【德国经济】

　　德国畜产品中以肉类产值最高，约占农业总产值的40%，2004年肉类产量为675.8万吨，居世界第四位。德国猪肉产量在欧盟中一直居首位，禽、奶、蛋产量约占欧盟产量的30%。

【德国经济】

　　德国耕地面积约1195万公顷，种植业以粮食作物为主，耕地中约70%的土地种粮食，兼营水果、经济作物、花卉和牧草。

"反贫穷战争法案"。

　　"贫穷"是私有制制造的一种不公正的财富分配体制，在金融主义确立以前，主要由创造财富的能力决定，"贫穷"的战略积极意义大于消极意义，在1913年极少数银行家族初步确立了金融主义之后，"贫穷"主要由世袭与血缘决定，一个人不论能力如何、如何努力，他或她所创造的一切财富必然归美联储股东广义拥有，不会有一分钱的"私有积蓄"，这种不被人理解的现象，不仅吹响了资本主义制度毁灭的号角，也消灭了一切公正。"贫穷"是一种注定要在金融主义体制范围内存在"收入差别"，这种"差别"不可能被消除，这种"反贫穷战争"纯粹是一个骗局，没有起点，也没有终点，更没有"重要的过程"。

　　2. 反恐战争

　　打击一个或一个名单上的"恐怖组织"是一场战争，而"反对恐怖主义的战争"，则是一场无休止的战争，因为没有终点和胜负可言，所以也就脱离了战争的概念，属于财富之争学中的"悖论战争"。战争的目的在于终结战争，悖论战争目的在于维系战争，两者有点相似，却又截然不同。

第二节　华尔街与希特勒的崛起

（一）《华尔街与希特勒的崛起》

美国学者Antony C．SuUon的金融史专著《希特勒的崛起和华尔街》，是通过史料记录犹太垄断银行家族对希特勒进行资助的重要历史学术文献。这本书和《美联储的秘密》是研究华尔街银行家对希特勒进行资助的重要历史学术文献，史料严谨、可靠，实属难能可贵。

（二）军火公司——"欧洲救济委员会"

美国和英国一直被认为是"德意志第三帝国"的敌人，但美联储和英格兰银行却不是这样，美国总统也在神秘地为德国的战争机器"添加燃料"，这无疑是丑闻，但知道的却不多。

华尔街金融诈骗犯、奴隶贩子赫伯特·克拉克·胡佛，在旧中国骗占开

【德国经济】

2004年，德国粮食产量5081万吨，居西欧第二位，世界第八位。其中，小麦产量2535万吨，占粮食产量的50%，居西欧第二位，世界第六位。莱茵河谷地区土壤肥沃，是德国小麦的最大生产中心。

平煤矿。他秘密绑架了20万个中国奴隶工人，运到了刚果银行家拥有的铜矿（这些人全部死在了那里），开采出铜送到德国支持德国的战争。华尔街的银行家对他很赏识，就让他在欧洲搞"人道主义工作"，也就是管理一个银行家建立的"救济委员会"。这个组织主要打着人道主义的旗号，向德国提供粮食、煤炭、铜、棉花（炸药），以此让德国的军事工业得以发展和恢复，是一个跨国军火卡特尔的经理人。他和一些银行家参与其中，大发横财。

（三）美国国会货币委员会主席路易斯·麦克法丹揭露美联储股东和罗思柴尔德家族资助希特勒后不久被暗杀

路易斯·麦克法丹这个人，堪称美国资产阶级政治家中的典范。一个阶级、一个社会、一个国家、一个制度中，必须有这样不畏权贵，敢于"发现问题、提出问题、解决问题"的忠臣。他是在维护资本主义社会制度和美国资产阶级的根本利益，而不是相反。

1930年12月17日，《纽约时报》摘录了路易斯·麦克法丹演讲的内容，主要是批评美国总统胡佛密会银行家尤金·迈尔（Eugene Meyer）："他（尤金·迈尔）代表着罗思柴尔德家族的利益，是法国政府（"法兰西银行"）和J．P．摩根之间的联络官。"

路易斯·麦克法丹发现美联储股东银行家尤金·迈尔、银行家保罗·沃伯格、J．P摩根和罗思柴尔德家族在秘密资助德国纳粹运动，也就是资助希特勒。他之所以说"法国政府"，不说"法国政府资助希勒特"，就是指罗思柴尔德家族控股的"法兰西银行"。这个时候，美联储股东和法兰西银行股东，两个"独立央行"的股东，实际上是罗思柴尔德家族在主导,共同协商资助扶植纳粹。

美国总统胡佛密会银行家尤金·迈尔,这个事件表明美国政府在秘密资助希特勒,而不仅仅是美联储股东在资助纳粹,这有"某种性质的不同"。路易斯·麦克法丹就试图揭露这件事,但他明显没有把美联储和美国政府挂钩,这是他的一贯作风。因为他认为美联储是私有金融卡特尔,根本就不是美国的机构,是外国银行家的皮包公司,在诈骗美国,他后来还试图起诉美联储,但他很快就连续遭遇了多次暗杀,虽侥幸躲过,最后还是突然"不明原因地去世"了。(他其实在指控美联储世袭股东,也在指控美国总统联合外国银行家出卖美国利益。这让总统胡佛很"关注",但仅此而已)

这个问题的性质比路易斯·麦克法丹指控的还要复杂得多。因为他仅仅是站在美国的国家利益的高度,并不关心法国的内政。他所说的"法国政府"实际上是说"法兰西银行",但他也知道"法兰西银行"就是罗思柴尔德家族在控股,故此又把这说成一回事。但他却不把美联储等同于"美国政府",这有点"事不关己,高高挂起"的味道。但在财富之争中,路易斯·麦克法丹的这个指控,深刻地反映了一个有关第二次世界大战的肮脏的"小秘密"——法国的"独立央行"秘密资助敌国——德国的纳粹军国主义势力,资助他们来消灭法国。

其实,"法兰西银行"正如美联储"不能代表美国"一样,它是银行家族联合各国腐败官员建立的皮包公司。"独立央行"看似"又大又高又神秘",可什么都不是,什么都没有,不过是"国际债权人""用数字抢劫人们的财产"的工具,一个脱离各国政治监管的信用卡特尔,

【德国经济】

德国大麦主要产在巴伐利亚,黑麦和燕麦主要产在北部平原地区。大麦和黑麦产量均位居世界前列。经济作物以甜菜为主,2004年甜菜产量2549万吨,占世界产量的10%以上,居欧洲第二位、世界第三位。

仅此而已。

法国、德国、美国的"独立央行"都在"资助"希特勒，犹太金融寡头罗思柴尔德家族则是通过希特勒对欧洲的、富裕的犹太同胞发动了一场毫不留情的"资本凝结之战"。希特勒与犹太金融寡头的友谊"地久天长"，德国很多军工企业就是犹太金融资本的产业，一直在希特勒的羽翼之下，直到第二次世界大战结束。

这个被麦克法丹"攻击"的银行家尤金·迈尔（Eugene Meyer）可不是一般的人！这是一个华尔街跨国金融集团，控制着军工的金融跨国集团。尤金·迈尔是战争金融集团的主席，伯纳德·巴鲁士是战争工业委员会的主席，保罗·沃伯格是美联储主席。这些人对德国进行战争资助，战火还能烧不起来吗？

（四）银行家如何解决"希特勒崛起"所亟须的兵员和社会基础

1．银行家蓄意制造德国庞大的、吃不饱饭的流浪失业大军

第一次世界大战以后，整个德国工业基本落入了"国际债权人"的掌控，他们蓄意解雇工人，而不是恢复生产。不论此时银行家说得多么好听，德国的失业率已高达50％。也就是说，整个德国每两个劳动力就有一个失业，而且有工作的人生活也不比失业者好，后面要解释这个问题。整个德国一片凄惶，最严重的问题是：没有粮食。更准确地说是：没有吃的！

为什么德国没有粮食了呢？

华尔街银行家和美国情报机构是一拨人，这种跨国金融商业情报体系有一个演变过程。当时美国BOI（1908，The Bureau of Investigation），即美国调查局就和华尔街一起在设计各地建立各种以"慈善基

【德国经济】

德国甜菜主要分布在下萨克森州南部及黑森州美因河以北，北莱茵—威斯特法伦州的明斯特平原以及马格德堡、哈雷等地。

金会"为名义的情报机构,尤其在欧洲宣扬"唯经济论",一块土地用来生产粮食,不如从落后的发展中国家购买,而德国用来发展房地产与工业更加合算。当时德国容克家族纷纷破产,大量土地的所有权被"国际债权人"作为抵押而廉价取得。这些土地大量闲置,并没有种植粮食。

美国调查局,即"BOI",权力一直不是很大,主要由华尔街银行家的商业跨国情报组织"处理国际事务"。1935,年美国现代情报之父、共济会成员约翰·埃德加·胡佛把美国调查局升格为"美国联邦调查局",从此确立了"FBI体制"。美国富豪也纷纷响应,成立"慈善基金会",让美国联邦情报机构的权力迅速扩大,并和垄断资本彻底合流。

1936年福特基金会建立了,四处招募情报人员,在欧洲制造了一种"粮食价值低,不值得种植"的"媒体论调",配合美国粮食署大量对德国注入"免费或低价的援助粮食",导致德国农场大量亏损和破产("客观现实"),不得不转去市场待沽,通过建厂房、搞房地产、炒地皮渡过难关。这样表面食物逐渐增多的德国却陷入了严重的隐性粮食匮乏,埋下了饥荒的祸根。由于德国当时的储备粮和饲料高达3年以上(可见美国粮食"援助"的力度有多大,德国农业产品的销售有多难、多"不划算"),人们忽略了这是一场打击德国的第一产业的财富之争,这注定了德国战争的承受极限为3～5年,德国人民的生死就由华尔街通过"不值钱"的粮食牢牢地控制了。

不过,FBI与华尔街的关系还不够紧密,故华尔街主要集中在后来的"美国战略情报局(OSS)",也就是美国中央情报局。美国情报系统有三大组织:福特基金会、卡耐基基金会和美国民主基金

【德国经济】

德国啤酒花主要种植在巴伐利亚州。西部摩泽尔河、美茵河、莱茵河谷的朝南山坡到处是葡萄园。莱茵河、内卡河谷及南部博登湖地区是重要的水果产区。

会。其中福特基金会和卡耐基基金会在第二次世界大战以前很是活跃。福特基金会是美国联邦调查局，后来的美国总统福特就是FBI的高级特工。而卡耐基基金会与华尔街商业情报体系更加接近，后来则更偏重于美国战略情报局。美国民主基金会比较"直接"，不是始于银行家和富豪建立的商业情报组织，而是美国政府正式给美国中央情报局拨款、立法建立的"另一块牌子"，本来为了让美国中央情报局的情报活动更加隐蔽，没想到反而成了最公开的中央情报局的机构。不过这块牌子1982年由里根政府在美国会通过《国务院授权法案》正式立法挂出，也称"美国国家民主基金会"（属于现代史，与本书关系不大），负责有关美国各种名目的"基金会"在世界各地的颜色革命、文化渗透、情报据点建立和情报人员招募。本来德国并不缺耕地，但第一次世界大战时期用菊苣替代咖啡，用煤焦油提炼物替代白糖，土豆的供给都成了问题。美国总统胡佛做美国粮食署署长时，大量对德国输入粮食，在让德国欠下大量美联储券记账债务的同时，摧毁了德国粮食的自给自足，这与美国在第二次世界大战之后对中国的"粮食援助"的战略目的是一样的。

当时德国大量从罗马尼亚等欧洲相对不发达的国家购入粮食，甚至从欧洲以外的地区进口各种食品。这在和平时期是可以的，因为德国工业品可以换取这些食物，但稍有风吹草动就不行了，何况是世界大战那种暴风骤雨呢？德国在第一次世界大战后期，工业遭到了毁灭性的打击，银行家故意制造恶性通货膨胀导致的金融危机，在高效剥夺德国容克家族土地、工厂、存款的同时，也"意外地"导致了德国进口粮食支付能力的骤降，人们根本就不会接受比废纸更加不值钱的金马克（几年间贬值到无法计算价值了）。德国突然出现了严峻的食品供给枯竭，这不仅仅是一个价格的问题，而是"食品总量不足"，没有肉可以，但没有粮食，甚至土豆，人们就慌了！当时在柏林发生过肉店老板诱骗失业青年到家，然后"制作""香肠"的刑事案件。这不仅是财富之争对人性和经济的摧残，也深刻地反映了第一次世界大战后，不重视粮食自给自足的德国所经历的严重食品短缺。一个被情报机构收买和捧红的"经济学家"足可以顶一个满员的装甲师，甚至有过之而无不及。

这时，只要有人招兵，可以吃饱饭，有多少粮食，就有多少士兵，兵员的问题就解决了。

2. 银行家如何让德国民众支持残酷的战争呢？

普通的战争界限分明，而财富之争则"你中有我，我中有你"。德国的"独立央行"控制在跨国银行家集团手中，而战胜国英国、法国、美国的"独立央行"，并不代表这些国家的利益，欧美的"独立央行体系"实际上是一个"股份化的跨国私有信用卡特尔"，一个垄断银行家族"用虚拟经济拥有实体经济"的金融战工具。

第一次世界大战以后，德国央行利用德国各阶层贫困和失业的窘境，大量发放金马克贷款，德国人民和容克家族大量抵押房产、工厂、珠宝取得急需的"钱"，德国老百姓用来购买食品，德国企业主则大多用来做流动资金。可从1919年至1924年，仅仅5年的时间里，"国际债权人集团"滥发德国的金马克，大肆掠夺德国的一切财富和实体经济。当时马克的贬值幅度超过了后来"苏联财富之争"的幅度。

1919年，一个富有的容克家族把一个运行良好的中型企业抵押给银行家可以得到1亿马克，可这些钱1924年连一片面包都买不来。

1919年，一个拥有1亿马克存款的容克家族，如果利息是1%，他们每年可

【德国经济】

德国地处欧洲中心，是联系欧洲各地的枢纽，在国际交通运输中占重要地位。德国交通运输业非常发达，现代化水平高、运量大、速度快、效率高，各种运输方式互相连接，构成了稠密的运输网。

以轻松地收入100万马克,可以从黑市购买各种食品,生活不会出现问题。可1924年这些祖辈的毕生积蓄,已经连一根火柴都买不回来了。

1919年一个幸运的德国就业者,月收入如果为3000马克,可以养家糊口,可到了1924年,他即便成捆地往家拉纸币,也买不回足够的土豆。失业者和就业者的界限模糊了,社会矛盾就迅速激化了。

德国的教育水平比较高,人们并非不理解银行家的把戏,尤其是对容克家族对国际银行家的所作所为特别清楚他们对于这场发生于1919年以后的"金融危机"和"货币危机"的性质非常清楚,对跨国银行家的掠夺(从形式上则是"借贷"和"资金援助",是"合法的市场行为")痛恨到了极点。这是一场垄断银行家族对德国人民的财富之争,即"德国财富之争(1919)"。

在这种条件下，仇恨、饥饿、失业、屈辱……这一切战争因素都可以通过虚拟经济的数学模型，精心地设计和主导，故此整个财富之争进行的特别精确和可控，这是一般战争形态无法达成的结果。

> **【德国经济】**
>
> 2004年，德国货运总量36.78亿吨，其中公路27.67亿吨，占75%以上；铁路占8.42%、内河占6.41%、海运占6.91%、管道占2.55%。客运总量112.73亿人次，公路占80.25%，铁路占18.53%，空运占1.20%。

（五）希特勒的战争贷款与战争工业

1．希特勒的反犹、犹太银行家的反犹、"德意志第三帝国"民众的反犹，三者截然不同

J.P.摩根、沃伯格等美联储股东，公开给希特勒"贷款"，他们都是犹太银行家罗思柴尔德的银行代理人。希特勒的反犹和德国社会的反犹是不同的，希特勒本身对犹太银行家是利用大于反对，"长期警惕，短期结盟"。德国社会，尤其是士兵阶层则把犹太垄断金融资本简单化为"犹太人"，这就把前面引用过的"犹太人的解放，就其终极意义来说，就是人类从犹太中获得解放"这句话中的两个基本概念混淆了。

包括犹太跨国垄断金融资本在内的欧美垄断信用集团，制造了第二次世界大战中的"反犹运动"。他们资助了希特勒，并非不了解他的政治倾向和反犹思想。但希特勒却理智地和犹太银行家结盟，共同分享了欧洲大量中小银行家，甚至是"外围大银行家族"的财富，充实了德国的战争机器。同时，让欧美垄断银行家族，一举完成了资本凝结，在第二次世界大战还没有结束的1944年就缔结了"布雷顿森林体系"，让纽约美联储的世袭股东、摩根财团、沃伯格家族等发行的"私有货币"一下子

【德国经济】

德国公路总长46.3万多公里,其中高速公路1.22万公里。高速公路里程居世界第四位。1932年建成通车的波恩至科隆的高速公路,是世界上第一条高速公路。目前,德国5万人以上城市及5万人以下城市的90%均通了高速公路,有10%路面设有智能速度指导系统。

成了人类社会争相取得的"钱"!

这个过程的意义就是——从此,几个银行家族广义拥有了人类社会一切可以用"美联储券"购得的财富和所有权。而他们却什么也没有付出,不过是精心组织了一场史无前例的财富之争——第二次世界大战。比起这种"不可思议的收获",死几亿人,死一些同胞,简直就是"太值得"了。尊敬的读者可以参考《华尔街和希特勒的崛起》,里面有关于银行家族直接在德国建立军火企业,在战争中直接资助希特勒的事实。绝非一两起个案,而是美联储、英格兰银行、法兰西银行均有介入,华尔街银行家尤甚。美国银行家在"德意志第三帝国"建立军火企业,生产军火用来杀死美国士兵,美国却不敢去轰炸这些"德国的美资军工企业",这种"资助"近乎直接参战,比给几百万美联储券的力度大不知多少倍。这些银行家出卖了美国利益,直接影响着美国的军事行动,这种性质是严重和恶劣的,从美国法律来讲是叛国投敌;从世界反法西斯战争的角度来说,这些银行家族站在了人类文明和正义的对立面。

2."法本公司即希特勒,希特勒即法本公司。"——美国参议员霍默·T·宝恩,1943年6月4日,美国参议院军事事务委员会证言

(1)为什么要选择这个历史事件作为美联储股东和犹太银行家族资助希特勒的历史案例?

①如果选择一些银行家某年某月给了希特勒金钱赞助,只能说明有一笔资金被注入了"德意志第三帝国",虽

然大抵是用来打造刺刀,但"也许用来给可爱的婴儿购买了橘子味道的棒棒糖"。这种事说不清,也很难考证。"德意志第三帝国的青年师"的"孩子兵"每天配备的是糖果,替代了"成人兵"的酒,糖果和子弹都成了"军需品",但无论如何这还是有区别的。J.P. 摩根给过希特勒贷款,英格兰银行股东帮着"弄到过粮食",前者无法简单解释为"资助战争",后者更可以解释为"人道主义",历史就是这样,这虽然有点滑稽,但必须严谨,不能想当然,要有可靠的证据。

②法国、英国、美国的银行家给"德意志第三帝国"一些贷款和资助,这不能全部解释为"资助独裁者",因为希特勒是一个典型的、西方民主式的"民选总统","德意志第三帝国"实施的是"三权分立",并且"信仰上帝",在当时的国际环境下,谁也没有说"希特勒政权"不合法。所以,这些贷款至少从法理上来说,是"合法的借贷",还算不上丧心病狂,顶多是"唯利是图",这在资本主义社会也不算是什么罪过,甚至"很有经济头脑"。

③从规模上来说,尤其是对纳粹德国的战争机器,银行家的介入,如果仅限于一笔贷款、一个家族成员提供某种服务,都不足以得出一个罗思柴尔德家族或美联储协助纳粹德国进行战争的整体结论,因为这都是个案而不是"系统的介入",尤其不是直接介入战争。

因为这有点不可思议,美联储不是美国的"独立央行"

【德国经济】

德国铁路总长4.38万多公里,其中电气化铁路1.96万公里,大小城镇铁路四通八达。电气化铁路承担铁路运输的80%以上,主要承担批量货运和远途客运。德国铁路设备技术先进,已建成时速250公里的高速铁路,科隆和法兰克福间开通了时速300公里的铁路,时速400公里以上的磁悬浮列车已研制成功。

吗？两次世界大战美国都对德宣战，美联储如何会资助敌国呢？问题就在这里！人们必须得到一个华尔街大规模、系统的、直接参与的、战争期间的，共同发动战争、进行战争、取得战争利润的决定性历史因素。

（2）很遗憾，法本公司就是这样一个历史事件，真实无误。

第一次世界大战以后，罗思柴尔德控制的德国"独立央行"用金马克的"超级通货膨胀骗局"，一举拥有了德国的全部工业体系，此后德国再也没有了民族工业，仅有十几万家中小家族企业，其中有一部分还算是德国民族企业，但举步维艰，数量越来越少。

希特勒得到再多的美联储券、法兰西银行券也没有用。第二次世界大战是大规模机械化战争绽放耀眼光芒的历史时期，没有军事工业做后盾，没法打机械化战争。为了解决这个问题，犹太银行家罗思柴尔德就让他们在德国传统的代理人家族沃伯格家族，出面在1920年组建了I.G法本公司。

这不是一家公司、一个工厂，而是一个包括了德国六大工业寡头（Badische Anilin、Bayer、Agfa、Hoechst、Weilerter Meer、Gfiesheim Elekon）的巨型军工托拉斯。在德意志第三帝国，连盖世太保都退让三分，它被称作"国中之国"，是希特勒发动机械化战争的核心推动力量。法本公司就是德意志第三帝国的军事工业，甚至是工业体系的一个特殊形态——金融工业托拉斯，这是一个涵盖了一切领域的资本怪物。所以，美国参议员霍默·T·宝恩在1943年6月4日对美国参议院军事事务委员会作证的时候才会说："法本公司即希特勒，希特勒即法本公司。"

因为这不是"一家公司"，而是拥有整个德国工业的军事托拉斯产业集团。沃伯格也是德国犹太银行家族，是跨国垄断犹太银行家罗思柴尔德扶植的银行代理人。保罗·沃尔格是美联储主席，他出面拥有"法本公司"的美国部分，而他的大哥、德意志第二帝国即第一次世界大战时的德国秘密警察头子"马克斯·沃伯格"出面建立并拥有纳粹德国的法本公司。他当然没有这么多资本，沃伯格银行家族虽然是美联储的世袭股东，但现在却不太出名，主要活跃于两次世界大战期间，因为他们是德国犹太银行家族，一直控制着德国的情报系统，人头熟、语言方便，这是德国法兰克福犹太银行家罗思柴尔德家族选中他们发动两次世界财富之争的原因。

法本公司是，且只能是控制着德国私有央行、私有货币的罗思柴尔德家族的企业，他们有所有权组建这个超级工业托拉斯的奥秘就在于"独立央行"制造的"马克通货膨胀"剥夺了容克家族的民族工业所有权。

所谓的法本公司，就是希特勒的德意志第三帝国的资本形态，"法本公司就是德意志第三帝国，德意志第三帝国就是法本公司"，二者无法区别。理解这一点，就会知道纳粹德国的战争机器是犹太银行家沃伯格家族的私产，杀害了几

【德国经济】

德国是世界上内河航运最发达的国家之一，内河航道总长7348公里，是欧洲内河航道最稠密的国家。其中，天然河道约占70%，人工运河约占30%。

【德国经济】

德国除南部东西走向的多瑙河外，其余天然河流均为南北走向。这些河流与连接它们的东西向的运河，构成一幅纵横交错、河海相通的运输网。莱茵河是欧洲最繁忙的一条河流，在德国境内长860多公里，全部可通航，约承担内河航运量的70%，被称为德国和欧洲的"黄金水道"。

百万犹太人的"高级设备"和"杀戮机器"就是由犹太银行家族拥有的法本公司制造。

这里让我们第三次回顾马克思这句话"犹太人的解放，就其终极意义来说，就是人类从犹太中获得解放"，就会深刻地理解希特勒集团的反犹是什么概念。他反的恰恰不是给德国人民带来沉重灾难的"犹太"（犹太跨国垄断金融资本），而是同样苦难深重的"犹太人"（犹太人民）。

人们永远不要忘记，当犹太银行家马克斯·沃伯格在德意志第三帝国与希特勒集团握手言欢、高谈阔论的时候，他们又会如何谈起"屠杀犹太人民的先进机器与高效药剂"呢？（1943年纳粹

德国毒气产量95％由德国法本集团生产,爆炸物的84％由德国法本公司生产。）

美联储史的经典鼻祖之作《美联储的秘密》竟然以"反犹"的理由被"焚毁",可美联储世袭股东的沃伯格等犹太银行家族竟然是屠杀犹太人民的罪魁祸首,这层"铠甲"上面有着同胞太多的鲜血,他们不感觉到沉重吗？

第二次世界大战结束之后,法本公司的技术人员、管理层纷纷被起诉战争罪,并受到了历史的审判。可犹太银行家族的马克斯·沃伯格不但没有受到任何惩罚,而且这个法本公司,几经易名和"股权转手",依然由他们控制。

美联储主席犹太银行家保罗·沃伯格和原德意志第二帝国秘密警察头子这对亲兄弟,作为德国法兰克福犹太银行家罗思柴尔德家族的代理人,在两次世界大战期

【德国经济】

杜伊斯堡是德国也是欧洲和世界最大的内河港口之一。人工运河中最重要的有北部的基尔运河，它是波罗的海通往大西洋的捷径；中部的中德运河，是德国中部沟通东西往来的水上大动脉；南部的莱茵—多瑙运河，沟通了北海与黑海的联系，是一条具有重要战略意义的水上通道。

间，起到了任何人也无法与之相比的作用——他们直接参与了规划、策动两次世界大战的一切幕后交易，直至公开和希特勒联手，与以美国为首的盟军进行战争。

美国参议院当然知道，这种跨国垄断金融资本同时作为战争双方而主导战争的历史现象，就是世界金融僭主体制，就是金融主义。

补充一点：整个第二次世界大战期间，所有法本公司的核心产业，从来没有遭受过美国空军的袭击，从未被列入攻击目标。

第三节 战争、财富与德意志

当法兰克卡洛林王朝跟北欧海盗死磕的时候，东部5个大封建领主趁机解雇了国王，11～18世纪，现在的德国、意大利、奥地利等欧洲腹地被称为"神圣罗马帝国"。直到18世纪末期，神圣罗马帝国境内还只有100多个小邦，压根儿就不是一个统一的国家。

这些小邦中有一个普鲁士公国，拿破仑让普鲁士丢失了一半以上的领地和人口。在超强外部压力下，普鲁士出现了忧患意识，

人们开始思考,怎样才能拯救民族命运?

再次声明,我们是金融学教师,不是金融市场操盘手。所以,我们想强调普鲁士公国给出的答案:教育。

1820年普鲁士通过《教育法草案》,从此,上学跟当兵一样,是必须履行的义务。1870年普鲁士的小学教育普及率达到97%,这绝对是一个史无前例的数字。

必须以精神的力量弥补躯体的损失,正是因为穷才要办教育,我没听说哪个国家因为办教育亡国了。

——普鲁士国王威廉三世

1834年,以普鲁士为核心的北部小邦取消了彼此关税(以奥地利为首的南部小邦拒绝加入)。1835年德意志北部第一条铁路开通,1839年关税同盟境内铁路总长度已经超过法国,统一的德意志即将出现在欧洲大陆。

如果说铁路是德意志的血脉,血管里流淌的则是德国银行的资金。

关税同盟成立之前联邦境内大概有70多种货币,贸易发展急切需要统一货币。修筑铁路增强了这种需要,1837年7月关税联盟达成协议,以现有普鲁士塔勒为基础建立"科隆马克制",1马克等于14普鲁士塔勒。

【揭秘财富】

凭借优秀的人力资本,普鲁士很快就让世界刮目相看:普鲁士诞生了人类第一个科学实验室、第一本科技刊物、第一个研究生院和第一个研究所;弱小的领主给社会科学提供了宽松的研究环境,也孕育了包括卡尔·马克思、黑格尔和费希特在内的社会科学领域的顶级大师。

1868年,普鲁士关税同盟在第四届联合会上废除了科隆马克,决定逐步取代银币制度,1871年开始实行马克制度,银行以金锭作为发行准备。1871年1月18日,包括普鲁士在内的22个邦和3个自由城市宣布成立德意志帝国,由普鲁士国王出任帝国国王。

1873年，在普鲁士国王操纵下，德国联邦议会通过法案，组建帝国银行，统一马克币值，由32家银行在各邦发行马克纸币。

此时，英国正在享受全世界的殖民地带来的丰厚利润，原有的工业体系足以支撑国内政治、经济和军事需要，自然也就放弃了试错过程，终于形成了路径依赖，走入荷兰、西班牙等第一代世界强国的宿命。

最离谱的是，英国是化学学科发源地，却把化学工业拱手让给了德国。英国皇家研究员柏琴1856年发明合成染料，英国企业家对此却没有什么兴趣，因为他们可以从殖民地弄来天然染料。

柏琴的老师霍夫曼把这个发明带到德国，形成了德国染料化工行业，到1900年全世界80％的染料都产自德国。

【揭秘财富】

马克诞生，标志着在经济上德国也最终实现了统一。1893年至1913年间，德国电气工业总产值增加了28倍；1913年，德国成为仅次于美国的全球第二大经济体，奠定了新一代欧洲大陆霸主地位。

如果说美国经济成功源于新大陆居民追求财富的梦想,德意志经济成功则更多归功于普鲁士的地缘竞争,这是欧洲大陆试错过程中另一个成功的典范。

面对强大的法国、虎视眈眈的奥地利,即使普鲁士国王再专制,也得考虑自己的经济实力是否可以抗衡两个身边宿敌。只有经济实力超越对方,起码不能弱于对方,才能生存下去。

普鲁士人确实不能制约专制,但是周边的敌人可以,无数小邦又给德国留出了巨大的试错空间。所以,在普鲁士我们看到了新闻自由、教育发展、修建铁路,乃至实行社会医疗保险、养老保险……

这些未必是专制者的初衷,但他们没有选择。

国家命运向来是条单行线:强盛或亡国,只能二选一。

可怕的是,自古以来,神圣罗马帝国始终以罗马帝国正统自居,普鲁士人则始终自认为是罗马帝国的继承者,容克贵族无时无刻不梦想着恢复古罗马的光荣。

伟大的胜利往往蕴藏着巨大的危险……

第四节　一战:钱主沉浮

前几年有本畅销书说,是欧洲金融大鳄挑起了第一次世界大战。

这么说,也没错。

伟大的导师列宁就教导我们:"追究第一次世界大战的责任没有任何意义,戴着王冠的强盗是一丘之貉……金融资本加强了世界经济发展速度上的差异……既然实力对比发生了变化,实力就是解决问题的唯一办法。"

第一次世界大战是英德两国的金融实力之战,耗尽了欧洲的经济资源,却成就了唯一的胜利者——美国。

(鉴于伟大导师列宁已经指出第一次世界大战爆发成因,此处省略数千字,直接切入主题)

还没有调兵遣将,参战国就在金融上出招,试图摧毁对方经济。

1914年7月底,英格兰银行先下手为强,将贴现率从3%提高到10%,吸引资金回流英伦诸岛。柏林当时还没有统一的贴现中心,资金立刻出现了恐慌,德国帝国银行出现挤兑,一个月存款减少了20%。

德国银行的处理方式简单而粗暴:马

【揭秘财富】

德国人很实在(严谨),战端肇始,指望从伦敦融资那是想都不要想;而最大的中立国美国却一直忽悠大家说自己要中立。

克与黄金脱钩,停止兑付黄金;3个月国债纳入货币体系。这基本相当于增发货币,是一个极不明智的选择。金本位时代宣布与黄金脱钩,就等于断送了自己的贷款途径。

德国可没有考虑这么多,老子就是要打。

萨拉热窝事件,机会终于来了!8月2日德国出兵卢森堡,第一次世界大战爆发。

战争是要钱的!

理论上,一个国家支付战争费用的方式是征税;实际上,最好的战争筹资方式是贷款(外债)。

第一,征税或内债会降低国民支持度,而且速度太慢;

第二,胜利后,债务完全可以转嫁给战败国。

比如,1894年至1895年中日甲午海战我们就赔了倭寇很多很多钱,其中绝大部分都是日本欠人家的债务,等于人家用我们的钱在打我们。

先打了再说,管他身后大浪滔天。

德国的选择,是对内借款。

1914年8月4日,威尔逊总统要求美国在战争中严守中立地位,"美国必须保持中立,名副其实;必须抑制我们的私人感情,以及一切可能被视为偏袒交战一方的交往;必须公正不阿,言行一致"。

况且，德国人有自己的打算，他们觉得自己一定会赢得胜利，只要每年税收足以偿付内债利息，将来战胜，赔款就是净利润。

根据以上判断，德国制订了自己的作战方案"施里芬计划"。这个作战方案与二战中的"闪电战"如出一辙：利用高速机械化部队在6个星期内击溃法国，然后移军东进进攻沙俄。

【揭秘财富】

德国人在战争前竟然做了预算，估计战争的费用约为700亿马克。当时，德国财政部长赫尔费里希对此充满信心，只是，德国人恐怕不会想到，1920年战争结束后，德国公债总额为2200亿马克。

从资本运作的角度讲，这么做也不是不可以。

问题是，协约国不这么认为。

英法美本是同种同源，算是老乡。有时候，老乡骗老乡还是比较方便的。

老乡认为，从美国财政部取得支持暂时不太可能了，变通的方法是向财团借贷，比如摩根财团。

第一个冲向摩根财团的，是法国。

1914年8月，法国向摩根财团求助，要求贷款1亿美元，而且交给摩根财团价值600万美元的黄金。

白银战士布莱恩第一个跳了出来，反对！

8月10日，布莱恩忽悠国会立法禁止私有机构向交战国贷款，"筹集对外贷款的美国银行家会十分愿意通过报纸运用他们的影响力来支持获得贷款的国家的利益，而这些影响将会使我们维持中立变得更加艰难"。

坚持就是胜利，法国又转向花旗银行，而且玩起了花样。

法国驻美大使会晤了白银战士布莱恩，除了表达对白银战士的敬意，法国大使还说明：法国贷款只是普通意义的银行信贷(credit)，不是国家借债(loan)。

很多人说，是法国人在玩文字游戏，依靠credit和loan的字面差异获得了贷款，并忽悠布莱恩放弃了自己的立场。

这么说的人，大概还没睡醒。

文字游戏天天有人玩，想让一个政客放弃大是大非的政治立场，绝无可能。最终逼迫布莱恩放弃的，还是利益。

1914年，美国出口还要靠农产品支撑，7月德国还从新大陆进口了260万蒲式耳小麦，8月份却一个麦粒也没进口。威尔逊总统也被棉农逼得无路可走，不得不号召全国人民每人买一包棉花，据说威尔逊总统就带头弄了一包。

1914年，英军控制着北大西洋，我不买，您也别想卖给同盟国。白银战士向来代表农场主利益，协约国购买农产品是要挟布莱恩最好的借口。

不卖给同盟国，那您就卖给我吧，法国承诺白银战士，这笔借款的用途将全部用于购买美国商品，比如粮食(农产品)。

白银战士画外音：理想！又是我出卖你啊！开头就好。

10月23日，花旗银行副总裁公开表态："国际关系中，今后三四个月是美国金融业的关键时刻，如果我们允许协约国到其他国家购买，我们将在我们最需要和最佳的时机忽视了我们的贸易。"

言下之意，这生意我们不做，有人会做，最后吃亏的还是美利坚合众国。

接下来威尔逊总统表态："政府债券与商品购销借贷之间有明确的区别，前者是在公开市场上出售给投资者，后者是一国政府与美国商人之间的贸易债务……与交战国贸易是正确的。"

继获得花旗银行1000万美元信贷后，法国政府在1915年3月获得了摩根财团5000万信贷额度；

1915年7月，摩根财团同时为俄国提供了4.75亿美元贷款，用于采购美国军需物资；

1915年10月，摩根财团又为英法两国提供了5亿美元贷款，但规定这些资金只能用于采购美国物资；

1917年，美国授信给协约国的信贷总额已达23亿美元，《泰晤士报》估计，协约国几乎一半的战争费用来自借贷，最大的债主是纽约金融市场。

【揭秘财富】
　　德国做出"沙塞克斯保证",宣布停止潜艇战,当然,也断掉了自己最后的胜利希望。

与之相比,德国仅仅获得了2700万美元。

英国在不断向美国贷款的同时,在德国海外贸易航线上设置了很多水雷,就连从美国运往欧洲中立国的非禁品,特别是运往意大利和荷兰的粮食亦遭截获。

英国的解释是,这些物品有可能运往德国。

美国与德奥的直接贸易从1914年的1.7亿美元下降到1916年的115万美元,看着大批美国物资,德国只能望洋兴叹。

更为缺德的是,美国不但向协约国贷款,而且禁止德国搞潜艇战,1915年美国国务院照会德国大使:"德国政府若非立即宣布放弃其现时对客轮及商船所采取之袭击手段,则美国政府除断绝与德国政府之外交关系外,别无他途。"

此时的德国,兵力已经捉襟见肘,当然不愿意与美国决裂。

德国的示好,并未换来美国的回心转意。

摩根财团更加肆无忌惮,1916年开始在美国本土承销协约国国债。一年时间,摩根财团为英国在本土发行4笔价值总计9.5亿美元债券。

然而,1916年后协约国支付能力越来越弱,整个欧洲黄金已经不足35亿美元。如果协约国找不到一种方法支付美国人欠款,那么只能停止购买。

如果是这样,那美国只能是贸易缩减,生产则按级数大幅萎缩,接下来就是市场低迷、公司倒闭、金融衰败、资本过剩、失业率高升……

为了借款,美国政府的态度

有了实质性的转变。

代表和平势力的白银战士布莱恩被排除出威尔逊政府,国务卿兰辛公开提出:"借款'不符合真正的中立精神',目前已不再适应形势的需要了,政府现在要做的就是怎样想出一种两妥的做法,事实上鼓励对交战国的商业信贷。"

从1914年夏天到美国参战的1917年4月以前,美国银团共向交战双方贷款21.6亿美元,其中21.24亿美元是流向协约国的,英国获得12.5亿美元,法国获6.4亿美元,俄国是1.07亿美元,日本是1.02亿美元,意大利也得到2500万美元。同时,美国金融界还从交战国回购了超过30亿美元的证券……

不管是为了钱、为了经济,还是为了国人生命,美国都不可能站错队。

况且,德国对美政策也实在有点过火,明的不行就玩阴的,忽悠墨西哥对抗美国。1917年3月1日,德国拍发给墨西哥的一封密电被公开:若美墨之间爆发战争,德国将协助墨西哥取得美国南部领土。

当日,美国对德宣战,欧洲局部战争升级为第一次世界大战。

没有想到,威尔逊带来的不仅仅是士兵、战舰,还有对

协约国无条件的100亿美元贷款。

战争中，无论胜利者还是失败者，在决战前夕其实都是强弩之末了，资金、战士都耗费得差不多了。

谁能拿出最后一个美元，谁就是最后的胜利者。

凭借世界第一的生产能力，美国迅速武装了一支美国海空军，战争结束时美国共有383艘舰艇在海军服役，到1918年底年共生产3227架飞机。

1919年6月28日，协约国和同盟国在巴黎凡尔赛宫签署和约，第一次世界大战正式结束。

【揭秘财富】

这些力量投入到本已厮杀3年的欧洲战场，同盟国军事力量遭到了空前挑战。美军参战仅半年，德国的潜艇优势就被打破，当年11月协约国仅损失了28万吨排水量军舰，而4月这个数字是880万吨(不含美国)。

第五节　财富名人榜——阿迪·达斯勒

1900年，在德国一个叫赫尔佐格的小镇的普通家庭里，出生了一个叫阿迪的男孩。阿迪共有兄弟姐妹四人。中学毕业后，阿迪也想学制鞋。可是父亲极力反对，因为时值第一次世界大战，当地的鞋厂都陷入危机之中，即使大量裁员也只能勉强维持，有些甚至被迫关门。于是，阿迪就成了一个面包房学徒。

1924年7月1日，阿迪·达斯勒注册了"达斯勒兄弟运动鞋厂"。这也标志着一个最终征服世界的品牌即将诞生了。阿迪设计的第一款运动鞋是"帆布帮、黄皮底"运动鞋，采用了铁匠齐格林提供的鞋钉。很快，这种运动鞋就流行起来。生意越做越红火。

1930年，全球经济大萧条，达斯勒兄弟的事业却丝毫没有受到影响。达斯勒兄弟鞋厂售出1万双跑鞋及1850双足球鞋。生产已经不能满足市场需求。于是，达斯勒兄弟又购买了老厂附近的一间房屋和一块地皮。他们的成功之路正在向前延伸。

1932年，为了更好地发展，阿迪离开小镇，住进了学院附近的廉价公寓，以便更好地研究制鞋技术：敲、粘、缝等。他清楚学习的目的是更好地经营鞋厂。为了提高理论知识，他阅读了大量有关书籍：制革、管理和会计等。通过系统的学习，阿迪掌握了制鞋工艺的窍门——一切满足"足"的要求。

1948年冬天，达斯勒兄弟因为经营问题而发生严重分歧。兄

弟俩正式"分家"。鲁道夫分到伍兹堡街的工厂,阿迪则保留火车站的工厂和别墅。工人和材料也二一添作五。其他不动产则不管。雇员们也可以挑选雇主。结果是:从事销售的雇员选了鲁道夫,大多数熟练工人跟随阿迪。与此同时,阿迪正考虑给工厂取一个新的名字。几经思忖,终于敲定"Adidas",并于1949年8月18日在弗斯法院正式注册。鲁道夫也成立了一家公司,后来发展为饮誉世界的"PUMA"。

1978年,阿迪·达斯勒去世。

1936年,奥运会召开前夕,阿迪·达斯勒突发奇想,做了一双带钉子的短跑运动鞋。怎样使这种样式特别的鞋卖个好价钱呢?阿迪为此颇费了一番脑筋。阿迪打听到一个消息,美国的短跑名将欧文斯最有希望在当年夺冠,于是阿迪便把钉子鞋无偿地送给欧文斯试穿。结果不出所料,欧文斯在那届运动会上4次夺得金牌。当所有的新闻媒介、亿万观众争睹名星风采时,自然也看到了那双造型特别的运动鞋。奥运会结束后,由阿迪独家经营的这种定名为"阿迪达斯"的新型运动鞋便开始畅销国内外,成为短跑运动员的必备之物。这种利用著名运动员宣传新产品的办法至今仍在沿用,每逢有新产品问世,阿迪总要精心选择试穿的运动员和产品推出的时机。

1954年,世界杯足球赛在瑞士举行,年事已高的阿迪又推出了新品种——可以更换鞋底的足球鞋。决赛那天,体育场一片泥泞,匈牙利队员在场上狼狈不堪,穿阿迪达斯球鞋的德国队员却健步如飞,最终德国队首次登上世界冠军的宝座。阿迪·达斯勒和他的新型运动鞋又一次引起轰动效应,整个联邦德国以至全世界的体育界,都成为阿迪达斯的商业舞台,产品供不应求。

第四章　金融争端的内幕

　　德意志第二帝国是一个共济会武装银行缔造的国家，条顿骑士作为武装银行的后裔，具有后期发展起来的银行雇佣军无法相比的特点：高素质、信仰和富有。18 世纪的时候，普鲁士元帅洛林公爵在丁克斯堡的普鲁士骑士团府第，实际上主导着普鲁士的军事和金融，依然维系着武装银行的特征。拿破仑强行解散德国骑士团以后，这个"普鲁士骑士团府第"就变成了"财政局"，这决非偶然——那里本来就是"财政局"。

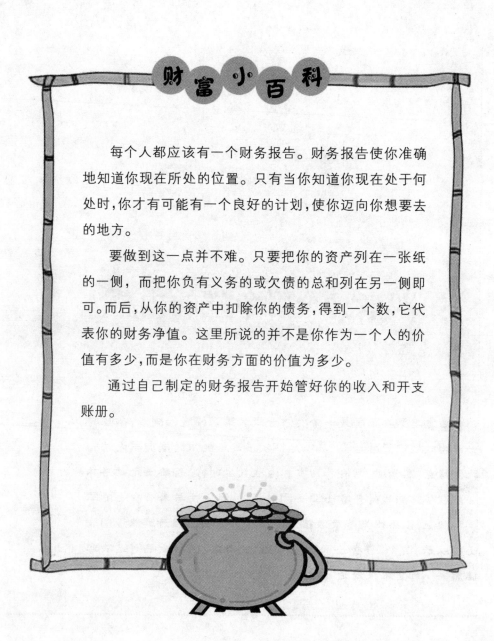

财富 小 百科

每个人都应该有一个财务报告。财务报告使你准确地知道你现在所处的位置。只有当你知道你现在处于何处时，你才有可能有一个良好的计划，使你迈向你想要去的地方。

要做到这一点并不难。只要把你的资产列在一张纸的一侧，而把你负有义务的或欠债的总和列在另一侧即可。而后，从你的资产中扣除你的债务，得到一个数，它代表你的财务净值。这里所说的并不是你作为一个人的价值有多少，而是你在财务方面的价值为多少。

通过自己制定的财务报告开始管好你的收入和开支账册。

第一节　德国在欧洲财富之争中的地位与影响

（一）德意志第二帝国

德意志第二帝国是一个共济会武装银行缔造的国家，条顿骑士作为武装银行的后裔，具有后期发展起来的银行雇佣军无法相比的特点：高素质、信仰和富有。18世纪的时候，普鲁士元帅洛林公爵（这不是古代的洛林地区，与本书无关就不提了）在丁克斯堡的普鲁士骑士团府第，实际上主导着普鲁士的军事和金融，依然维系着武装银行的特征。拿破仑强行解散德国骑士团以后，这个"普鲁士骑士团府第"就变成了"财政局"，这决非偶然——那里本来就是"财政局"。

这个"财政局"的三楼还有内部骑士专用的"祈祷室"，这些容克家族几百年来一直在内部自称骑士，管理着普鲁士的一切金融事务，也就自然

> **【揭秘德国财富】**
>
> 整体而言，这是对任何一个研究和阅读德国财富之争的人们，最具干扰的一个概念。事实上，"神圣罗马帝国"很难讲就是"德国"，但比起"德意志第一帝国"来说，则更加接近古代德国，因为普鲁士王国是由武装银行条顿骑士团建立的，普鲁士语的消亡也不是一件容易的事，更不要说最后脱离奥地利建立"德国"了。一句话：古德国和现代德国不完全是一回事，但又渊源很深。

掌握了德意志第三帝国的金融与军事。

容克家族与犹太银行家的利益一直紧紧捆绑在一起，一个主导军事，一个主导金融，基本还是比较"融洽的"。但德国法兰克福银行家罗思柴尔德家族的神秘兴起和现代光明会、现代共济会在德国的出现，打乱了这种传统的力量平衡。犹太金融资本通过几次财富之争，彻底摧毁了德国容克家族积累了几百年的实体经济控制权，成功地把容克家族变成了"银行经理人阶层"，这个过程复杂、残酷、反弹激烈，但银行家整体是成功的（犹太银行家丝毫不考虑犹太人民的苦难，资助希特勒集团，对犹太人民犯下了滔天的罪行）。

【揭秘德国】

真正管理德国金融的恰恰是犹太跨国垄断金融资本，这和条顿骑士团是古典共济会武装银行圣殿骑士团的分支有关，与人们普遍认为的德国容克家族有反犹传统的印象截然不同。

（二）整体与局部

现代德国的出现，标志着欧洲金融僭主体系的战术重心，已经从法国转移到了欧洲，并且整个战略重心已经转移到了美国。这种变化对世界财富之争的研究意义重大。因为德国作为两次世界大战的策源地，竟然由德国法兰克福犹太银行家族的马克斯·沃伯格兄弟如同儿戏般任意操纵。沃伯格家族是法兰克福银行家罗思柴尔德的银行代理人，直接出面，跨越了交战双方的政治壁垒，举杯欢庆之间，操纵着德国与美国、英国、法国的战争，这不是财富之争又是什么？

马克斯·沃伯格本人在第一次世界大战时是德意志第二帝国的秘密警察头子，不仅没有受到任何惩罚，第二次世界大战期间又是德意志第三帝国战争机器法本公司这个几乎涵盖了整个德国工业体系的军事托拉斯的董事长，他和弟弟保罗·沃伯格（美联储主席）操纵着美国和德国，用士兵的鲜血和犹太同胞的泪水绘就了世界的金融蓝图。第二次世界大战以后，人类历史上第一个"超主权金本位货币"——美元体系诞生了。美元从来就不属于美国，而是一个由银行家控制的超主权的金本位货币，由各国央行背后的"国际债权人"集团拥有并操纵着。这个肮脏的事物让银行家族得以"合法地"拥有了整个世界，不过付出几个"等同于黄金的"数字。

各国、各阶层的私有财富和国有资产被这些"超主权的金本位数字符号"在广义上瞬间拥有了，转移了！所有者却丝毫没有察觉，甚至大多数人不理解这个金融战骗局的可怕和险恶，直到美元滥发到极限之后，"超主权金本位货币"的口号又一次被欧洲银行家集团喊了出来，让人不禁苦笑地看着那位叫"美元二号"的金融新娘拄着拐杖蹒跚走来，脸上金黄色的脂粉不断落下，露出一个腐烂的骷髅——世袭金融僭主体制。

第二节 德国财富之争的一个
不为人知的分支

1．二月革命与十月革命

第一次世界大战中的俄国与第二次世界大战中的苏联，都是德国的敌国，可德意志第二帝国的秘密警察头子马克斯·沃伯格秘密帮助过列宁和俄国贵族，也就是说罗思柴尔德家族不仅是法兰西银行的控股者、奥地利央行的主导者、德意志帝国银行的主导者、美国纽约联邦储备银行的控股者，而且直接参与了摧毁沙皇俄国的两次革命。

"1917年的十月革命摧毁了沙皇俄国。"这句话如果把二月革命看作是"十月革命的第一个阶段"则是正确的，否则就要另作解释了。摧毁沙皇俄国的是"二月革命"（1917年3月8日，俄历2月），是由大贵族、大银行家与布尔什维克革命力量联手，摧毁了沙皇统治。这时俄国是两个政府：一个是大银行家、大商人

> **【揭秘德国】**
>
> 　　秘密保护列宁穿越第一次世界大战德俄战线回俄国发动革命的人，正是马克斯·沃伯格。问题是：银行家利用俄国人民对沙皇的痛恨，要的是"二月革命"的成果，这种"帮助"必然是脆弱的和不稳定的。

主导的"资产阶级政府"，一个是工人阶级主导的"布尔什维克革命政府"。十月革命（1917年11月7日，俄历10月）推翻的是"二月革命"后建立的资产阶级政府，不是沙皇体制。

　　但是，这就埋下了革命领导层成分复杂的种子。沙皇俄国第一个马克思主义政党"崩得"（犹太工人总联盟）建立于1897年，对俄国革命起到了积极的作用。

2."肃反最终会把斯大林也清洗掉"

这句话出自一个英国政治家之口，被解释为对"肃反不理智"的描述，所谓的"肃反"实际上要复杂得多，是一场尖锐复杂的斗争。契卡缔造者捷尔任斯基在去世之前3小时的一份稿件中有这样一句不同凡响的话："我一看到我们党的机构，看到我们的组织体系，看到我们难以置信的官僚现象、懈怠的工作效率以及极端混乱状态，我就感到恐惧。"（这是肃反第一阶段的开始时间）这吹响了肃反的号角。

有关托洛茨基是列宁指定的接班人的说法并不可信。列宁对托洛茨基的确一直是积极评价，可实际上背景很复杂。当时共产主义运动内部存在着"布尔什维克"

和"孟什维克"之争，列宁出于团结的目的，一直对"俄国社会民主工党"中的"孟什维克"（他们和欧洲金融界关系更紧密一些，大多是犹太裔）的主要领导人之一托洛茨基长期委以重任，多加赞许，但托洛茨基对列宁却不是这样。

1916年9月，托洛茨基被法国政府驱逐后来到美国，加入在纽约由布哈林主办的俄语报纸《新世界报》。1917年他虽然当选了布尔什维克中央委员，但列宁投的是反对票（这说明列宁不同意他当中央委员，就不要说委托他管理整个党了）。布哈林1917年成了苏联《真理报》的主编，后来和托洛茨基一起卷入一起暗杀事件（1934年12月，苏共中央政治局委员、列宁格勒市委第一书记和列宁格勒州委第一书记基洛夫被暗杀，这是肃反第二阶段的开始时间），托洛茨基被迫离开了苏联（他被允许带着许多机密文件和个人财产去西方国家，说明他和布哈林有本质的区别），而布哈林在1938年3月被枪决，起诉条款包括：暗杀列宁（1987年11月7日，戈尔巴乔夫为其平反，苏联法院正式平反是1988年2月4日。1991年12月25日戈尔巴乔夫宣布苏联解体，1992年1月布哈林成为华尔街金融家索罗斯出资建立的"俄罗斯民主基金会"，也称"国际社会经济和政治研究基金会"或"戈尔巴乔夫基金会"的首任主席）。

诸如此类，甚至更加激烈的言论还有许多，其性质姑且不谈，但在当时特殊的历史条件下，这样给一个同志下"定义"，"会有非常消极的后果"（也是这种言论的目的所在），所以"孟什维克"被认为是"俄国社会民主工党"中的"革命党"，实际上却是"形左实右"，在搞分裂。（托洛茨基晚年一直是由美国金融资本提供生活费用和保卫，他遇刺不假，但原因却可能和托洛茨基本人的背景一样神秘莫测。托洛茨基被描述为不断攻击斯大林，这

【揭秘德国】

　　1913年托洛茨基在写给孟什维克领袖齐赫泽的信中这样写道："列宁是俄国工人运动中一切落后现象的职业得利者。"

是不对的,他从离开苏联到遇刺,在接受美国资本帮助的同时,对斯大林一直有褒有贬。也许他有点政治幼稚,但有耿直的一面,这既是斯大林和列宁可以原谅他的原因,可能也是他遇刺的原因——这样他才可以被宣扬为"反斯大林主义者",事实绝非如此简单。)

列宁要团结一切能够团结的力量,但列宁遇刺后是绝对不会把党的事业交给托洛茨基。虽然斯大林有以力治国的一面,但残酷的内外局势也容不下绣花匠,这是时代的选择,我们不能脱离历史去评价一个历史人物,那是不客观的和不公正的。

"俄罗斯人民非常幸运的是,在俄罗斯经受艰难考验的年代里领导它的是天才而且坚忍不拔的统帅斯大林。他是一位杰出的人物,赢得了他所生活的我们这个残酷时代的敬仰。斯大林精力过人、博学多识、意志坚定……斯大林接手的是一个仅有犁杖的俄罗斯,但他去世后,留给人民的是一个核大国。"

——英国前首相丘吉尔1959年12月21日于英国议会下院

第三节　暴虐的骑士职业与罪恶的骑士精神

（一）欧洲古代的骑士团是一个暴虐的强盗金融阶层

一会儿是盗匪和海盗，一会儿又成了保镖和银行家，"圣殿骑士团"的双重身份都是"合法的"，因为不同的骑士分支被不同的欧洲国家雇用，提供借贷和战争服务，包括抢劫敌国的商人，洗劫敌国城镇，这些肮脏透顶的银行武装假装成不同的骑士派别，肆意横行，个个是百万富翁，打着"终身保持童贞"的旗号，包养娼妓、奸淫妇女，无恶不作，妻妾成群，跨国包养更是不在话下（这至少还在道德范围之内）。《十日谈》是欧洲古代金融重镇美第奇银行第一个公开的金融僭主老巢，"古佛罗伦萨共和国"的作家薄伽丘（Boccaccio．G）约在1350年写成的小说，矛头直指当时骑士、贵族和大商人

【揭秘德国】

　　"圣殿骑士团"和建立了普鲁士王国的分支"条顿骑士团"是武装的跨国银行，他们活动于从欧洲到亚洲、非洲的广阔地区，无恶不作。

的罪恶。

有关骑士的描写，有这样一个故事：纳斯塔焦·德·奥内斯蒂去求婚的路上看到一个骑士追逐一个少女，杀了她掏出内脏喂狗。她的心上人在不久又看到了同样的景象。这就是欧洲历史上真正的骑士的所作所为。条顿骑士团的后裔容克家族为什么拥有了普鲁士的土

地和财富呢？那不是凭空而来，是50年血腥战争的结果：原来拥有土地的普鲁士贵族和富农被杀死或驱逐了。当时的骑士会为了抢劫可怜的农民开垦出来的一点点土地而发动战争，非常残酷和不理性。

（二）现代的骑士精神，古代的骑士精神，金融僭主体制的罪恶与诡异

这里要明确一个问题，欧洲现代的骑士精神和绅士风度是一种泛泛的上层举止规范，与欧洲古代的骑士精神无关，它是一种社会文化，与本书无关。古代的骑士精神主要表现在：不杀死对手。这绝非是一个道德问题，更不是善良与高尚，而是一个商业问题和更加可怕的金融僭主主导体系，对欧洲各国危害极大，影响深远。

1. 从表面上看

骑士团是跨国武装银行，比如圣殿骑士团受雇于欧洲各国，"委托打理着各国的国库"，也为了金币介入各国之间的战争。那么银行家又怎么能让这些昂贵的骑士死去呢？骑士自己也不干，他们经常一队去法国，一队去神圣罗马帝国；一队支持贵族甲，一队支持贵族乙……但他们听从于骑士团内部的统一指挥，相互是"战友"而不是"敌人"。如何能让欧洲各国国王和贵族"理解"他们不相互残杀（其实银行家主导着战争的胜负），至少要有个冠冕堂皇的借口。于是就有了一个"赎买战俘"的价值说法和"不杀害认输者的骑士精神"的"道德光环"。各国国王和各个贵族也就接受了这种说法（他们不理解见得都，只是也不想得罪这些跨国武装银行无处不在的强大金融力量和武装力量），形成了一种银行家主导下的"游戏规则"（但骑士们杀死平民和各国普通士兵的时候，却毫不手软，心狠手辣出了名，一点骑士精神也看不到了）。

这让欧洲古代的金融僭主体制逐渐具有影响欧洲跨国战争和皇权之争的实际能力，这种"神一样的特权"也荒谬地被各国王室和贵族默认了下来，形成了一个对银行家无比有利的、不公正的、畸形的权力分配规范。（银行家就可以决定战争的胜负了，各国还要主权和"不同意见"干吗？）

2. 从深层次来看

古代欧洲的君主、贵族哪个愿意接受这种跨国武装银行的军事、税收、金融、贸易的全面控制和胁迫呢？他们何尝不知道，这背后就是一个由多个垄断银行家族组成的"跨国金融债权人集团"呢？一句话：他们没有办法！

【揭秘德国】

圣殿骑士团、条顿骑士团、医院骑士团为首的三大跨国武装银行体系，纵横欧亚非，托管国库、决定胜负、建立领地、免缴税赋、征收税款、垄断商业、高利盘剥、决定王室继承……这绝非偶然和凭空而来。

骑士精神对于古代欧洲各国来说，是秘密交出了主权，默认了金融僭主集团的统治权，不仅仅是糊涂和被欺骗。但这种局面的出现，是金融资本积累了多个世纪的结果，这种力量来源于欧洲古代对金币的迷恋与银行家对黄金的绝对控制，黄金这种天生的金融工具成了铸就"骑士精神"、"胜利女神权杖"和"金融僭主王冠"的天然材料。

第四节　德国是金融国家吗

(一)什么是金融国家

要回答这个问题，就必须理解什么是金融国家。由于金融僭主体制在欧美广泛建立，垄断金融资本几乎主导了一切领域，但不是每一个国家都是金融国家。所谓的金融国家是财富之争学中的一个专有概念，需要满足如下条件：

1．金融资本主导。

2．有一个长期存在的金融僭主体制的客观存在。

3．整个国民经济一直以虚拟经济为主，实体经济为辅，或核心实体经济控制在以金融资本为主导的跨国财团、跨国公司手中。

4．评价主体是一个国家或地区。

由此可见，德国并不是金融国家。因为它没有满足"虚拟经济为主"这一个条件，并且容克家族虽然备受跨国金融资本的辖制和打压，但一直具有强大的集团能力，在德国保留了十几万家中小实体企业，虽然受到银行家族的广义控制，为银行家族广义拥有，但依然是德国实体经济的擎天之柱。

> **【揭秘德国】**
>
> 德国至今是整个西方社会中唯一一个依靠实体经济产品出口而长期保有贸易顺差的国家。

问题是，随着垄断金融资本不断地制造金融危机，人类社会出现了一种"实体经济不赚钱"的可怕现象，长此以往实体经济的狭义所有权必将落入垄断银行家族手中，没有任何悬念。

（二）从德国历史上的金融危机，看狭义实体经济争夺战的"效率"与残酷

普鲁士容克家族从1816年至1846年，共计进行了各类实体经济的投资，总计6.26亿德国马克，1870年德国法兰克福犹太银行家通过建立"德意志帝国银行"，一举从德国人手中弄走了50亿金马克（实际上不到，因为有些法国支付不起了，罗思柴尔德家族还故意加大了他们对"法兰西银行"的债权），而给了"德意志第一帝国"50亿金马克的"等值账面票据"。

这些账面票据，仅仅是银行家开出的极少的一部分。银行家用这些"账面金马克"可以溢价并购、拥有、参股德国容克家族不断投资而形成实体经济。1920年前后，"德国央行"制造了史无前例的马克贬值，1000亿金马克可以买一个面包。请注意：马克依然是金马克。依然是金本位（黄金价格相对于金马克上涨了，银行家手中的黄金更值钱了，仅此而已），所谓金本位可以组织银行家制造货币贬值的说法本身就是一个荒谬的金融骗局。